［加拿大］叶礼庭 著
陈晓静 译

陌生人的需要

Michael Ignatieff

The Needs of Strangers

中国華僑出版社
北 京

图书在版编目（CIP）数据

陌生人的需要 /（加）叶礼庭著；陈晓静译．-- 北京：中国华侨出版社，2021.9
书名原文：The Needs of Strangers
ISBN 978-7-5113-8519-2

Ⅰ．①陌… Ⅱ．①叶… ②陈… Ⅲ．①哲学理论 Ⅳ．① B0

中国版本图书馆 CIP 数据核字 (2021) 第 071364 号

陌生人的需要

著　　者：［加］叶礼庭
译　　者：陈晓静
责任编辑：滕　森
特约编辑：李　姗
装帧设计：周伟伟
经　　销：新华书店
开　　本：880mm × 1240mm　1/32　　印　　张：4.5　　字　　数：100 千字
印　　刷：北京华联印刷有限公司
版　　次：2021 年 9 月第 1 版　2021 年 9 月第 1 次印刷
书　　号：ISBN 978-7-5113-8519-2
定　　价：45.00 元

中国华侨出版社　北京市朝阳区西坝河东里 77 号楼底商 5 号　邮编：100028
法律顾问：陈鹰律师事务所
发 行 部：（021）64679493-816　　传　　真：（021）64679493-808
网　　址：www.oveaschin.com　　E-mail：oveaschin@sina.com

目 录

致谢

构思本书期间，我正在剑桥国王学院担任高级研究员。感谢国王学院院长伯纳德·威廉斯（Bernard Williams），以及学院的每一位同事，能与他们共事，我倍感荣幸、愉悦之至。

我还要感谢休米·布洛迪（Hugh Brody）、西尔瓦娜·托马塞利（Sylvana Tomaselli）、约翰·福里斯特（John Forrester）、伊斯特凡·洪特（Istvan Hont）、加雷斯·斯特德曼·琼斯（Gareth Stedman Jones）、朱迪丝·施克莱（Judith Shklar）、威廉·莱斯（William Leiss）、简·达利（Jan Dalley）、迈克·佩蒂（Mike Petty）、伊丽莎白·西夫顿（Elisabeth Sifton）、安东尼·希尔（Anthony Sheil）、杰弗里·霍索恩（Geoffrey Hawthorn），他们为本书初稿提出了宝贵建议，帮助我更好地开展此项课题。

谨以此书献给苏珊（Susan），因为她，我认清了自己的需要。

前言：悲剧与乌托邦

真正知其所需之人，当无急切欲求之物。

——拉罗什富科

我住在伦敦北部的一条商业街上。每周二早晨，门外都会有一群退休老人在小贩的推车里挑挑拣拣，车里有破了的窗帘、缺了纽扣的衬衫、染色的背心、破夹克衫、磨损的裤子和褪色连衣裙。门外，他们愉快地交谈，同小贩杀价，好似碎秸秆中啄食的乌鸦，争抢着廉价品。

他们不算一无所有，只是生活拮据。与女士相比，男士们看起来更疏于打理：留着胡子，脸色灰白，脖颈耷拉在发黄的衬衫领子里。衣服下他们年迈的身躯，肯定是苍白单薄的。女士们显得更为沉着自信，似乎从母亲那她们已经学会了要如何面对老去。应对贫穷，她们自有一套：外套褶边整洁，纽扣依然固定在原位。

这些老人给人一种丧偶多年、子女迁居城郊的感觉。我想象他们就着电暖气发出的光亮，独自居住在昏暗狭小的房间里。我曾经遇到一位独自购物的老人，在土豆摊位前，他拎着重物、排着队，累得差点晕倒。我让他在酒吧里坐下休息，帮他买好剩下的东西。虽然他确实需要帮助，但他显然并不想要我施以援手。当时他正为了缓过一口气来而大口喘息着，但当我们交谈时，他目光直视前方，手指牢牢握住他那沉重的购物袋。所有这些老人似乎都与家人断了联系，遁入自己愈加狭小的内心之境，他们紧抓那辆推车，仿佛那是载他们入海的舟筏。

我与这些老人的交集，正是福利国家中陌生人道德关系的写照。
10 他们有所需，加之他们生活在福利国家，这些需要意味着他们对像我这样的人所拥有的资源，有后天的或者自然的权利。[①]他们的需要与后天权利构建起我们之间的无声联系。当我们一同在邮局排队，在他们兑现养老金支票的同时，经由国家各个复杂的系统，我收入中的很小一部分变为他们所有。对我们双方来说，这种关系所具有的间接性是必要的。他们依靠的是这个国家，而非我，对此我们都乐得所见。我也意识到了这种间接性使我们彼此独立。我们为彼此承担责任，但我们并不互相负责。

我对他们的责任，由庞大的劳动分工体系来实现。以我的名义，社工们上楼来到他们的房间，最大限度地确保老人们暖和、整洁。当他们过于年迈无法出门时，志愿者会送上热饭、铺好床，富有同情心的志愿者还会聆听他们絮语往事。当老人身体情况恶化，救护车会送他们到医院，当他们奄奄一息时，会有护士在旁监测他们减弱的呼

---

① 关于需要与权利的关系，参见雷蒙德·普兰特（Raymond Plant）、哈利·莱塞（Harry Lesser）和彼得·泰勒－古庇（Peter Taylor-Gooby），《社会福利和政治哲学：论福利提供的规范性基础》（*Political Philosophy and Social Welfare: Essays on the Normative Basis of Welfare Provision*，London：Routledge and Kegan Paul，1980），ch.2；另参见戴维·米勒（David Miller），《社会公正》（*Social Justice*，Oxford：Clarendon Press，1976）；乔纳森·布莱特肖（Jonathan Bradshaw），《社会需要概念》，出自《新社会》（*New Society*），1972 年 3 月 30 日，pp.640–643；伊恩·高夫（Ian Gough），《福利国家政治经济学》（*The Political Economy of the Welfare State*，London：Macmillan，1979）。（本书脚注若无特殊说明，均为原注。）

吸。正是有了陌生人之间的团结，有了劳动分工带来的从需要到权利、权利到关爱的转变，即使基础脆弱，我们仍可以说自己生活在道德共同体中。

除了优于 19 世纪的济贫院，无论以何种标准衡量，现代福利制度可能都称不上慷慨，但它的确在尝试满足大部分人对温饱、住所、医疗的基本需求。关键在于这是不是个体的所有需求。我们所说的“需要”不只是人类生存的基础必需品，也指个体为了充分发挥自身潜能时的“需要”。“生存所需”与“发展所需”是两个不同的概念。那些商业街上年迈的穷人，他们得到的资源仅够维生。但这些资源是否足 11
够他们过上像样的生活呢，这有待商榷。

在这些老人并不知情的情况下，在左右翼围绕福利国家未来展开的政治激辩中总是凭空想象他们的需要。双方都认为老人们需要的是收入、食物、衣服、住所以及医疗，继而争论他们是否享有拥有这一切的权利，如果答案是肯定的，那么资源供给是否充分。双方都未曾提及的是，在这些单纯的生存条件之外，老人们是否需要更多？

这种沉默不无理由。从衣食住行的角度来定义需要已足够困难。毕竟人类的基本必需品是相对的、具有历史性的，一直以来，在界定人类基本的后天权利时，每个社会都会出现激烈的讨论。人类发展需要什么，更是颇具争议。好的生活不止一种。谁又能道明我们需要什么才能实现为自己设置的所有最高目标呢？

我们对自身需要的自欺也是人所共知的。可以明确的是，人肯定知道自己渴望某物。但另一方面，他又很有可能意识不到自己需要什么。正如想要的通常并不需要，需要的又往往并不是想要的。

然而如果我们时常对自身需要进行自欺，那么对陌生人的需要也 12

多半如此。在对人类关系的各种设想中，最危险的莫过于“我们比当事人自己更了解他们的需要”。在政治领域，这一立场会纵容无视民主优先权和践踏自由的行为。其他领域亦是如此，医生有权定义病人的需要，社工可以掌控当事人的需要，还有父母来决定孩子需要什么，以上事例中的“僭越”行为是对“滥用”的一种“正当化”。

然而如果我们经常无法正确认识自身需要，那么当我们无法表达它们时，为了我们的利益，必定有人为此发声。社会上有这样一群人，长期以来他们艰难度日，除了最低限度的生存必需品，他们不敢奢求更多。提高他们的期望值、让他们了解自己从未拥有过的东西错了吗？认为我门外的陌生人不应满足于推车里的废旧物错了吗？任何一种政治，如果它想要改善这些人的生活，就必须为那些他们自己可能都无法表达的需求发声。这就是为什么政治是如此危险的一件事：为了动员大部分人做出改变，你必须提高期望值、创造出可以超越既有现实的局限的需要。创造需要会催生失望、引来幻灭。这好比是一场有关生命与希望的游戏。“知情同意”这一民主前提，是这场危险游戏唯一的保险栓。如果当事人自己都无法清晰认识自身需要的话，那么代表他的人就更无权发声了。

何时才该为陌生人的需要发声？这是我最初产生的疑问。政治不仅是代表陌生人需要的艺术；在为陌生人自己无法表达的需要代言时，政治也是场危机四伏的交易。

对人类发展所需之物进行界定是否可行？这是我的第二个疑问。如果无法界定人类的需要，那么代言陌生人的需要不仅危险，也将无法实现。实际上，除非个人可以认识到自身偏好并将其统一于共同需要的旗帜下，否则政治本身也将是空中楼阁。在一个既定的社会中，要对人类发展的先决条件达成某种最低限度的共识，如果没有达成共识，始终如一的道德行为也将无从谈起。

可以用政治和社会权利的语言明确表达的需要，以及不能明确表达的需要，这也是我想加以区分的。目前大部分的政治争论是围绕前 13
者的，即对食物、住所、衣物、教育、就业的需要。在保守党对福利国家的抨击中，首当其冲的就是“需要创造自然权利”；这一抨击使社会是一个道德共同体的概念遭到了质疑。

在我们试图捍卫“需要创造自然权利”这一原则之余，那些未被视作自然权利的需要则有可能被遗忘，并悄然脱离政治的表达。在表达个体既有可能对集体做出贡献，也有可能拖累集体时，自然权利的语言提供了多种表达方式，但在表达个人对集体的需要时，它又是相对无力的。它只能将人类理想的友爱状态体现为对彼此自然权利的尊重，基于我们自然权利承担者的共同属性，它能捍卫的也只是我们希望被体面对待的诉求。然而我们不单是拥有权利的生物，一个人需要被尊重的也远不止他的自然权利。我们所处时代的行政良知，在于它贬抑个体人格的同时，仍会尊重他们的自然权利。比如在我们最好的监狱与精神病院，囚犯和病人可以得到尚可的饮食、服装、住所；律师与亲人的探访未被阻挠；手铐与警棍存放在警卫室。这些被认定为自然权利的需要基本都得到了尊重。然而从短暂停留的目光中，从一个动作或者一项程序中，犯人们依然能随时感受到当权者无声的不屑。我门外的陌生人拥有社会福利权，不过那些给予他们这些权利的官员是否尊重与关心他们，则要另当别论了。

正因为金钱无法购得受到尊重的姿态，自然权利也无法确保它们成为后天权利，所以任何一个正义的社会都需要一种针对人类个体需

14 要的公共表达。情谊、爱、归属感、自尊和尊重无法被规定为自然权利，因此我们应将其定义为需要，并通过已有的、并不高效的公共体系，力求将满足这些需要变成人类的惯常实践。如果之前我们就具备了一种可以表达需要的语言，那么现在我们就能更好地理解“赋予人们权利”与“满足人们需要”的区别。

我想表达的是，体面、仁爱的社会需要一种共有的语言来表达善。而我们的社会赖以生存的权利的语言缺乏关于人类善的表达。后者要求的是法律义务或公民责任都无法具体说明的美德行为。

有关人类需要的论述是人类善的一种特殊表达。通过需要来定义人性，就是以我们**缺**什么来定义我们**是**什么，强调了人类作为一个物种所特有的虚无与不完整性。我们只是拥有潜力的自然生物。我们并不具备与生俱来的万物支配权。但我们是唯一可以创造和改变自身需要的生物，是唯一的自身需要历经发展的生物。我们为自身创造的需要，以及由此衍生而来的后天权利语言，赋予我们作为一个物种和一个个体应有的尊重与尊严。因此，需要就是一种对人类善带有明显历史性和相对性的表述。

原则上，这也是一种非目的性的表述。如果人性具有历史性，那就不可能存在人类自我实现的终极状态，那样的状态，意味着人类善的达成。唯一一种可以用需要的语言来表述的人类善，是那种作为人类所有追求的先决条件的善。我们需要爱、尊重、友爱，并非因为我们需要它们来认清自身本质，而是因为不管我们选择何种生活，一旦失去它们，我们几乎无法与自我、与他人和谐共处。

15 在表述自然权利的语言中，通常认为约翰·罗尔斯（John Rawls）所说的“基本善”（basic goods）这一基本要求，是人身自由的必要前提。[①] 这一思维方式的优点在于它试图调和善的理论和个体选择如何生活的自由权。爱、尊重、团结等诸多体面生活的基本要求，未能被有力证实为人身自由所必需的，则是它的不足。我无须通过被爱来获得自由；我需要通过被爱来实现内心的平和、回报以爱。我不认为自由的绝对优先权可以成为人性善理论的前提。

人性善理论也不应建立在"快乐至上"的基础上，不应视快乐为人类的终极归宿。爱带来快乐，而我们对爱的需要超越了这种快乐；我们需要爱，是因为她同时带给我们联结与归属，让我们与他者相连。生活中有许多深层次的需要，其中爱是至高无上的，但它们并不一定会带给我们快乐。我们需要它们，是为了深入生命，为了最大限度地了解自身，为了调和我们对自身和周遭的认识。

最后，人类需要的理论必须以"人何以为人"的一系列选择为基础："为人"就是要充分发挥自身潜能，而非快乐、自由这些次要目标。"为人"意味着什么，这没有一劳永逸的答案。记录下人生中最为珍视之物，就是我们所要做的一切。

确实有一系列词语来表述这些需要：爱、尊重、荣耀、自尊、团结。问题在于政治语境中对它们的随意滥用，已使它们意义全无。它们变得廉价，是因为随意的虚夸言辞，以及"能够满足人们基础生存需求的社会，在一定程度上也能满足他们的非物质需求"的草率设想。 16
然而"生存所需"和"发展所需"之间的关系要更为复杂。养老金与医疗救助也许是穷苦老人维持自尊与尊严的必要条件，但并非充分条件。重要的是给予方式和给予行为的道德基础：社工们是否倾听了这

① 见约翰·罗尔斯，《正义论》（*A Theory of Justice*, Oxford: Clarendon Press, 1972），p.92。

些老人的故事？公寓楼梯陡，带他们下楼时，救护人员有否留心避免他们受到磕碰？老人们在医院独自惊恐之时，是否有护士在旁陪护？尊重与尊严正是由此而来。这些人类姿态涉及太多人性的艺术，因而无法转化为一种持久的日常管理。

自尊和尊严还有赖于后天权利被如何解读——是自然权利，是应得的，还是一种施舍？在许多西方福利国家，给予者与接受者仍将后天权利视作赠予。在困难时接受救济，依然被视为羞耻之事。在法律层面，需要催生了自然权利，但在我门外的那些陌生人的心中，未必如此。

我们之所以尊重他人，是因为将其视为独立的个体还是视为我们的同类，这是福利国家的核心矛盾。前者源于每个人的特质；后者则是针对他们的共性。前者要求我们区别对待他人；后者则要我们对每个人一视同仁。福利国家将不同人的需要同等化，认为不同的人应被同等对待。然而我们的需要并不一致：尊重之于你我的意义可能是不同的。此外，作为不同的人，所有的个体都应得到不同的尊重。假设每个人都有相同的需要，这可能是我们要尊重每个个体的一个必要条
17 件，但这并非充分条件。是否有一个福利系统，可以调和平等对待每个个体与尊重每个个体之间的矛盾，至今无解。以同样的方式对待个体的结果是人的物化——这是对现代福利最常见的批评。

在创作本书期间，伴随上一困局而来的第三个问题又困扰了我。难道就没有某些需要，它们与我们对尊重的需要类似，除非牺牲掉包括被平等对待在内的部分需要，否则集体社会供给就无法满足它们？在我们对社会团结和自由的需要之间，类似的潜在矛盾出现了。存在于自然权利语言和后天权利语言中的利己主义偏见，使我们难以理解这种矛盾，而它又是最为关键的。我们不仅有自身的需要，还有为他

人代言的需要。许多人足够幸运、足够富有，他们衣食无忧、有容身之所，而同胞的穷苦，让他们感到自身的富足蒙上了荫翳。

社会良知还不足以解释这一切。个体无法独立掌控既定的偏好；个体的需要包括他人的需要与自身的匮乏。为了孩子我们需要好的学校，为了邻居我们需要安全的街道，为了门外的老人我们需要舒适的养老院，不论这些需要是代表他人或是自身，都不足为奇。人类感知他人需要的能力，在最深处孕育了投身政治的动力源泉。

福利国家认可对团结的需要，但也确保拥有资源的人和资源匮乏的人维持陌生状态。包括伊万·伊利奇（Ivan Illich）在内的一些人认为，社会分工与社会团结无法兼容。[①] 如果我们不想再做彼此精神上的陌生人，那就必须消除国家福利体系。但我怀疑门外那些领着养老金 *18*
的陌生人是否还想回到过去，那会儿他们依赖儿女易变的怜悯和不稳定的慈善捐赠。收益通过官方在陌生人之间流转，使我们得以摆脱赠予关系的束缚。但是如果社会致力于满足对自由的需求，它就无法兼顾对团结的需要。这将依然是一个陌生人社会。

无论如何，社会是否能够协调好自由与团结，显然还是个问题。

自由主义者普遍认为，人们必须在能满足政治需求的需要中做出选择。即要在以下两种社会中做出选择：一种是其中的每个人都可以按自身所好选择需要——这种社会不大可能是团结的社会；而另一种社会，需要的确定与满足是社会的集体选择——在这种社会中，个体就面临失去自由的风险。在这些选择中，自由主义者倾向于自由，而非团结。另一方面，社会主义者则坚持这些需要并非无法调和的终极

---

① 伊万·伊利奇，《走进需要的历史》（*Towards a History of Needs*, New York: Pantheon, 1978）。

矛盾。他们坚信在未来自由与团结可以并存，人类的需要既可出于自身，也可为了他人，这些需要都可以被满足。将这种构想称为乌托邦，并不意味着否定，只是我们至今没有发现一个社会主义社会可以消解这些冲突。

政治中的乌托邦传统认为各种需要互不矛盾，并且集体社会供给能够满足人类的一切需要。探究这一观点的理论正确性，是本书的目的之
19 一。比如，爱可能是人类最渴望与执着的需要。但我们无法强制某人爱
上自己。我们不能将爱视为人类的自然权利。但在一个最持久的政治构想中，它设想了一个人人无间的社会，在那里他人的爱唾手可得。

除爱之外，还有其他需要考验了政治所能应许的极限。我们有超出能力所及的需要，也探求自身无解的生存目标，这是人类的物种特性。我们需要形而上的慰藉与解答，对此当代政治大多是沉默以对，但这一需要是我们仅次于爱的最强驱动力之一，完全不会妥协于我们无知的局限性。那是否有世俗政治可以满足我们对终极意义的渴求呢？

这些问题的出现引出了一种可能性，即可能存在一些人类需要，它们完全不在政治行为的范畴与权限之内。不幸的是，在人类所需与其集体智慧所能成就之间，也许还有一道鸿沟。乌托邦思想梦想通过政治来弥合这一人类悲剧。如果政治这门艺术想在代表陌生人需要的同时对其进行扩增的话，那它就要谨慎避免因幻想破灭而招致的极度痛苦。乌托邦的幻灭是危险的：它常让男男女女走向绝望与对立。对合理的政治论证的检验，就是要了解哪些需要政治可以满足，哪些又不可以。本书便是要发现其中的差异所在。

如果以上这些就是存在的问题，那我们该如何解决它们？我是

个历史学家，但本书随后的章节并不涉及需要的历史。尽管已有尝试在前，但无论如何我都不认为这个词的历史是合理的。[1]在斯多葛主义（Stoicism）、古典悲剧、奥古斯丁的基督教思想（Augustinian Christianity）、启蒙运动（the Enlightenment）对热情与兴趣的论述、马克思主义（Marxism）以及精神分析学（psychoanalysis）中，需要已成为它们的中心词。这些语言彼此独立。不同的措辞使含义与概念发生 20
变化；关键问题则不再如初：它们的形式随承载它们的语言而发生变化。最明显的中断发生在表达需要的世俗语言与宗教语言之间，在这一过程中，与其说精神需要的理念未能寻得新的化身，不如说它逐渐归于沉寂。

撇开历史，我尝试用过去的语言来论述本书的主题。悲剧、基督教的罪还有人类欲望的表述，尽管这些主题现在看来有点陌生，但我舍弃了当代哲学所经之路，沿着这些迂回的思考路径，以自己的方式回溯过往。

本书以《李尔王》（*King Lear*）开篇，此剧将需要视为人的一种义务，进行了最为深刻的审视，这从国王以“啊！不要跟我说什么需

---

① 将需要的历史作为创作理念的一个最新尝试是帕特里夏·斯普林伯格（Patricia Springborg）的《人类需要与文明批判》（*The Problem of Human Needs and the Critique of Civilization*，London：George Allen and Unwin，1981）。从斯多葛主义到马克思主义，和马尔库塞（Marcuse）及弗洛姆（Fromm）代表的精神分析学，该书试图从需要这个概念中获得一段连贯的历史；其他大部分关于需要的新作品均为对马克思的评论与批判。参见凯特·索珀（Kate Soper），《论人的需要：马克思主义视野中的开放与封闭理论》（*On Human Needs: Open and Closed Theories in a Marxist Prospective*，Brighton：Harvest，1981）和《大西洋高地》（*Atlantic Highlands*，NJ：Humanities Press，1981）；阿格妮丝·赫勒（Agnes Heller），《马克思的需要理论》（*The Theory of Need in Marx*，London：Allison and Busby，1976）；另参见威廉·莱斯（William Leiss），《满足的限度：论需要和商品问题》（*The Limits to Satisfaction: An essay on the Problem of Needs and Commodities*，Toronto：University of Toronto Press，1976）。

要不需要"[1]为开场的发言中便可见一斑。该戏剧围绕社会世界与蛮荒自然界的反差展开。社会世界里，一个人的需要取决于他的阶层与身份，在蛮荒的自然界，人类的需要无异于那些"寒碜的赤裸的两脚动物"——褪去衣衫，我们殊途同归。从一个世界进入另一个世界，李尔经历疯狂、遭遇夺权，通过他，我们得以领悟自然责任与社会责任的脆弱。

《李尔王》也是一部有关盲目无知的作品，尤其是我们对自身需要的盲目无知。李尔发现，我们很难认识到自己需要什么：历经苦难，才知所需；体味匮乏，方明充裕。我们需要的人生一课，就是带有悲情色彩的、由无知到洞明的转变过程。

该戏剧还区分了两类需要：一类需要，我们有权要求他人予以满足，另一类则不可。懂得这些，李尔付出了惨重的代价，首先就是爱。

21 奥古斯丁的神学，也就是本书要研究的第二种思想，也以这一区分为核心。尘世之城与上帝之城的区分揭示了肉体需求与精神需求的差别、人类政治可以提供的世俗之物与信仰才能给予的宗教之物的差别。对世俗国家中人们选择的自由和赎民拥有的自由，奥古斯丁也做了区分：信仰使行动免遭困惑之苦。他认为世俗政治无法同时承载行动自由与意志确定性。在尘世之城，公民可以在其欲望中自由选择，却无法明确所选之物是否为其所需。重温这部有关罪的古老著作，可以帮助我们了解现代世俗自由特有的孤独与痛苦。

本书第三章尝试回顾启蒙运动否定宗教需求所带来的一些影响，

---

① 本书《李尔王》及莎士比亚其他剧作的译文均出自朱生豪译本，后文不再一一标出。——译者注

其中借鉴了大卫 · 休谟（David Hume）的研究成果，他是18世纪最伟大的无神论者之一。当时的哲学家们身处一个逐步成形的商业社会，市场经济中野心勃勃的人们要如何做到彼此合作、并领悟到生活的真谛，是当时社会面临的挑战。休谟用黑格尔（Hegel）的“需求体系”来解读现代的公民社会秩序，并认为个体为满足自身需求而依赖他人使这一秩序得以维系。他也是最早做此解读的哲学家之一。

休谟坚信，即使没有宗教和形而上的慰藉，公民社会中的世俗人类也完全可以活得有理有据、活得满意，他还通过以斯多葛主义的态度直面自身的死亡来证明这一观点。是否真的如此？曾经被我们称为宗教的需要是否可以无声消亡？这些对理解现代人类的幸福本质依然至关重要。

社会科学发端于启蒙运动中的人性科学，它不仅将人类需要的表 22
达世俗化，并在这个过程中弱化其悲剧属性。这一属性体现在宗教对终极确信的向往上。普罗米修斯主义（Prometheanism）具有讽刺意味的学说正是人性超越论的残留：对物质的盲目需求驱使人类征服自然，而这种需求本身则在人类无意识中扩张和转变。普罗米修斯式的人类不断进步，并在自身需求的盲目升级中重塑自身。

对这种有关盲目发展的可笑学说，卢梭进行了抗争，这使其同时代的人和我们意识到，政治经济学在描述资本家时隐瞒了人类需求的悲剧属性。卢梭的《论人类不平等的起源》(*Second Discourse on Inequality*）重写了人类需要的历史，这段历史是一场悲剧，也是征服自然的人类却反被自身膨胀的欲望奴役的故事。

本书末章的主旨表明了卢梭的政治思想，其中他试着定义乌托邦和美德共和国，认为它们可以弥补人类需要的悲剧历史。卢梭的美德共和国是静态的，它通过立法抵制不公平与奢靡之风，努力遏制需求的“上升螺旋”——这正是人类忌妒与纷争的根源。在早期资本主义的新兴世界中，卢梭的美德共和国又堪称 18 世纪对乌托邦最为执着的辩护，当然它失败了。亚当 · 斯密（Adam Smith）的《国富论》(*Wealth of Nations*）无情地击碎了乌托邦经济学的空想。现实主义的这一剂无情药，让乌托邦计划从此为难不已：在开放的世界经济中，一个社会要
23 如何掌控自己的需要？我们奋力寻求能够使人类主宰自身需要的政治，却陷入了两难境地，因而本书在结语又回到了开篇时提出的问题上。

1 自然性与社会性

只有你才保全着天赋的原形；人类在草昧的时代，不过是像你这样的一个寒碜的赤裸的两脚动物。

——《李尔王》(第三幕第四场)

有关人类需要的疑问其实是关于人类义务的疑问。我们的需求是什么？这个问题关注的不仅是我们的何种欲望最为强烈与紧迫，也是何种欲望赋予了我们享有他人资源的权利。需要与责任和义务是生来有之的共存关系，这使其区别于欲望。需要受限于“必要的”或“基本的”这一概念。而欲望甚至无关乎实用性。当义务指的是伴随满足某人的需要而产生的义务时，它是明确的；但当需要发展为欲望时，这种义务会变得无穷无尽，因而无法被定义。

需要是“正当性”的一种通俗表达。“匮乏者”对必需品的需求，可以合理正当地传达给“拥有者”。如果需要以及由其衍生而出的权利的话语体系不复存在，那么人世间将变得不太有人情味：有权者为锤，则无权者为砧；强者为主，而弱者为仆。正如所有对公正与宽宥他人的口头要求，需要的悲哀之处在于它无力确保自己的权利得以执行。只有当强大的那一方意识到自己也必须遵从它时，需要才能给予这种权利正当性。

那是什么以义务为纽带，将“资源富余”及“资源不足”的两方维系在一起呢？对大部分人而言，义务有关风俗习惯、历史传承，或者是一种明确的道德担当。但是否仅止于此？不论一个国家的风俗如何，父亲拒绝为子女的需要承担责任，女儿拒绝为无家可归的父亲提
28 供庇护，这都是有违人性的。决定这一切的是人的天性：一种本该存在于父亲与孩子间的真情实感。更不可思议的是，这种情感广泛存在于人与人之间。

谈论人类的需要也是谈论人类自然共性的根本途径。我们想知道，在我们无尽的差异外，彼此有何相似之处。我们想知道成为人类意味着什么，我们还想知道这会让我们承担何种责任。从需要的角度来看，人类在面对饥渴、寒冷、疲乏、孤独及情欲时表现出的基本的友爱之情，使他们感受到了自身普遍的共性，这使其独树一帜。人类团结的可行性有赖于人类的自然共性。一个陌生人都能找到普遍有之的归属感、意识到彼此间应有责任的社会，离不开信任。而信任，来源于一个理念：差异虽有，共性犹存。

思考至此，困惑随之而来。毕竟有谁真正见过一个完全纯粹的自然人呢？我们全都是社会人，有不同的肤色、阶级、收入、历史，也正因此，我们对彼此的义务通常建立在我们的差异之上。若要谈及我对谁负有责任，我想是我的妻儿、父母、朋友与亲属，以及我的同胞。在这个时代、在这个国家、在这个文化里，公民、父亲、丈夫、儿子的身份决定了我的责任。在界定我承担的责任时，纯粹的人类责任所

起的作用并不明显。是差异决定了我的责任，而非共性。

同样地，如果你问我的需要是什么，我会告诉你我需要理解与被理解、爱与被爱、宽恕与被宽恕的机会，需要去创造出超越我人生之物的机会，需要归属于一个与我有着共同目标与使命的社会的机会。但是如果你问我作为一个自然人，而非社会人，我的需要是什么。我将很快意识到我被局限在肉身之中了。我将放弃我用时光、用事业创造的其余一切，虽然这些依旧珍贵，但已不是普遍意义上人类必需的 29
诉求与责任了。然而即便是我的自然属性似乎也留有社会差异的痕迹。我所认识的饥饿，与加尔各答（Calcutta）流浪者的饥饿，只是在文字上雷同。因此，我对“需要”的自然属性的基本认识，受限于我在这个被称为发达国家的、小范围的安全区域中有限的社会经验。

既然社会都告诉我们该做什么了，那为什么还要纠结于自然属性呢？问题在于社会并不总是如此。我们也许清楚自己对家人、朋友、同胞的义务，但是对门外的那些陌生人，我们有哪些义务呢？走出发达国家这个安全区域，来到危险地带，他们就在那里，伸出双手，瘦削憔悴，静默无言或疾声抗议。使我们彼此相连的并非亲朋间的请求：仅仅是一个人对另一个人含糊的请求。①

陌生人的请求使自然义务与社会义务的不对等显而易见。父亲、儿女的生命弥足珍贵；陌生人的则是无足轻重。如果我们有同样的需要、同样的自然属性，这些就不会发生。为什么我们的自然共性无关

---

① 参见阿玛蒂亚·森（Amartya Sen），《贫困与饥荒：论权利与剥夺》（*Poverty and Famines: An Essay on Entitlement and Deprivation*，Oxford：Clarendon Press，1981），该书是为捍卫在饥荒中的人类的权利发声的重要尝试；另参见彼得·辛格（Peter Singer）的《实践伦理学》（*Practical Ethics*，Cambridge：Cambridge University Press，1979）。

紧要，我们的差异却至关重要？

作为全人类诉求的一种新表达，普遍人权为何在反驳种族、部落和社会的差异上收效甚微——需要的自然属性为我们揭示了答案。人类实际的共同需要与动物无异。我们的共性远不及我们的差异重要。使生命珍贵的是差异，而非一致性。平等并不为我们所重视。在我们给自己定位时，首先想到的是自己为人子女、父母、同胞和邻居的身份，而不是人类。正是这张人际关系的密网和它赋予人生的意义，满足了我们真正重要的需要。

30 对需要的主张，及基于此自然与社会所发挥的作用，《李尔王》做了最为深刻的反思。[①] 通过展示一个因丧失这种信任而变得残忍无情的世界，这部戏剧旨在说明我们为什么必须无条件地去相信他人的需要。需要的主张将强者与弱者关联起来，但是有朝一日，如果弱者提出要求时，强者却要求他给出理由的话，那意味着，回应恳求的目光的将是强者无知的凝视。这就是弱者的噩梦，也是李尔在第二幕第四场时开始承受的：

---

① 在撰写关于《李尔王》的这章时，三部最近上演的《李尔王》相关作品和记忆中另一部作品让我受益最多：乔纳森·米勒（Jonathan Miller）为英国广播电视台（BBC）制作的版本，英国皇家莎士比亚剧团（RSC）由迈克尔·刚本（Michael Gambon）饰演李尔、阿德里安·诺布尔（Adrian Noble）担任导演的版本，劳伦斯·奥利弗（Peter Brook）扮演李尔的版本；还有记忆中，或者也是最重要的——彼得·布鲁克（Peter Brook）和保罗·斯科菲尔德（Paul Scofield）的作品。与皇家莎士比亚剧团帕特里克·斯图尔特（Patrick Stewart）的交谈，大大增进了我对莎士比亚作品表演艺术的了解。我还要感谢马文·罗森伯格（Marvin Rosenberg）的《李尔王的面具》（*The Masks of King Lear*，Berkeley：University of California，1972），对该剧的创作与表演历史，本书有着出色的研究；参见珍妮特·阿德尔曼（Janet Adelman）主编的《评论文集：李尔王的 20 世纪解读》（*Twentieth Century Interpretations of King Lea：A Collection of Critical Essays*，Englewood Cliffs，NJ：Prentice Hall，1978）；弗兰克·克默德（Frank Kermode）主编的《李尔王：专题汇编》（*King Lear：A Casebook*，London：Macmillan，1978）。

> 高纳里尔（Goneril）：父亲，我们家里难道没有两倍这么多的仆人可以伺候您？依我说，不但用不着二十五个人，就是十个五个也是多余的。
>
> 里根（Regan）：依我看来，一个也不需要。
>
> 李尔：啊！不要跟我说什么需要不需要；最卑贱的乞丐，也有他的不值钱的身外之物；人生除了天然的需要以外，要是没有其他的享受，那和畜类的生活有什么分别。你是一位夫人；你穿着这样华丽的衣服，如果你的目的只是保持温暖，那就根本不合你的需要，因为这种盛装艳饰并不能使你温暖。可是，讲到真的需要，那么天哪，给我忍耐吧，我需要忍耐！

完全掌权的君王不必使用需要的语言。他们可以使用纯粹的、不需要理由的欲望的语言："这是我想要的，照做吧。"国王的欲望不需要理由。他们最没有意义的一时兴起也具备了命令的强制力。

此前，李尔都是在聆听别人提出需要时恳求的话语。而现在，他自己也不得不开始使用这种话语了。这是一番痛苦的体验。他发现，当需要只有自己知道时，看起来都是足够合理的，但如果它面对的是无情的当权者，则必须真正的合乎逻辑。他女儿要求他对自己的需要做出解释，宣告了他目前的失势，这让他无法接受。在君王的习惯与 31
臣民的乞求之间，他游移不定。作为一个国王，他一旦提出要求便不容置喙，可作为一个臣民，他就不得不称自己的要求为需要；因此他被迫要为自己的需要做出说明、提供理由。

李尔是凭借什么提出他的要求的呢？他说，你们是我的女儿，一个女儿是不会去查证父亲的需要的；这么做将是对家庭义务的否定。要求理由不仅是冒犯、忤逆之行为；它还使家庭责任明确的意义遭受质疑。

李尔表示他需要一批骑士，只有在特定的时间和地点，以及由传统义务与承诺保障的特定安全范围内，他所需要的才会被视为需要。以一些将全人类的需要抽象平等化的理念为标准来质疑这一需要，是荒谬的。李尔认为，如果以我们共有的自然属性为标准来评判所有人，那么我们在社会生活中产生的需要无一经得起推敲：只有那些打算像动物一样四处游荡的人才能免受指责。他坚持认为社会世界是一个差异的世界，个体的需要取决于他们的阶层、地位和经历。女儿们质疑父亲需要的行为不只是一种忘恩负义：在她们掌权的世界中，她们将自己的贪婪和傲慢作为判定“何为需要”的唯一标准。

李尔不仅作为一个父亲，也是作为一个人在思考。他认为对任何人需要的推究，都是在怀疑他们了解自身意向的能力。他女儿里根所做的正是如此：

> 里根：啊，父亲！您年纪老了，快到生命的尽头；应该让一个比您自己更明白您的地位的人管教管教您。

32 这是年轻人对家长多年管教的复仇。父亲们告诉女儿她们需要什么、该嫁给谁，但是当父亲开始步履蹒跚，女儿们掌握实权后，她们跟老者谈起了条件。父亲反而成了孩子。

这种反转的讽刺对李尔而言更为痛苦，正是因为他最初固执的慷慨，使高纳里尔和里根确信他已不再清醒。在第一幕第一场中，她们各分得了王国的一半疆土，而考狄利娅（Cordelia）却遭到放逐，这完全出乎她们的意料，在这场令人心寒的“爱的竞价”结束后，高纳里尔和里根单独留在舞台上，她们精明地认定自己的好运是由父亲年老昏聩带来的：

> 这是他老年的昏悖；可是他向来就是这样喜怒无常的。

包藏于无情者蛮横无知中的真理，是仁慈者更为复杂的真理所不能驳斥的——该剧多次表达了这一主题。家庭关系的支柱是权力，而非义务，这才是高纳里尔、里根和爱德蒙（Edmund）这些无情者信奉的真理。他们觉得，李尔之所以不顾他们的意见，坚持要配备侍从，是因为那是权力的象征。一支强大的卫队，在他们的屋檐下却听命于李尔，这将威胁他们的统治。正如里根说的：

> 一间屋子里养了这许多人，受着两个主人支配，怎么不会发生争闹？简直不成话。

在他们看来，争议在于支配权，而不是需要：他们关心的是谁能在他们的领地上掌权，而不是他们的父亲应该得到什么。他们很清楚，在他们的屋子里，一个没有侍从的国王，就像个无所凭借的孩子。

无情者有自己明确清晰的认识。但李尔清楚自己究竟需要什么吗？至少在无情者的眼中，他的需要看起来是矛盾的：放弃了王位却 33
放不下国王的头衔与阵仗；与女儿同住又要在她们的领地上掌权。甚至这些矛盾后还可能潜藏着他不能见光的“心事”：将自己的余生托付于考狄利娅的“殷勤看护”，做个国王又想无忧无虑，做个父亲又想做回孩子。在无情者看来，这些矛盾只能说明他老了。

若是仁慈者目睹了这些矛盾，并不会无法理解。面对老人，柔软的心灵知道如何同时成为母亲与女儿。由爱主宰的屋子里，一个人可以是主人，也可以是仆人，可以是父亲，也可以是孩子，从不会出现支配权的争端。只有在慈悲缺失的屋檐下，需要才是格格不入的。权力只会让人二选一：父或子，王或奴，主或仆。但是“不要跟我说什么需要不需要”的恳求之声，祈求的是这样一个家，在那里需要不会被质疑，因为爱懂得如何化解它们的矛盾。

因为痛苦的自我觉醒已经开始，李尔的语气是哀求的，而非专横的。如果在过去，李尔会以暴怒回应里根对自己需要表现出的含蓄的质疑，但现在，他只是抱怨了几句。他的自我中心开始崩塌，我们早已目睹他哭着用双拳击打头部：

> 啊，李尔！李尔！李尔！对准这一扇装进你的愚蠢、放出你的智慧的门，着力痛打吧！

在傻瓜努力转移他的注意力时，李尔猛然记起了自己对考狄利娅的放逐，“我对不起她——”这是他悔恨的哀叹。如果他现在要在女儿们面前祈求她们不要查究自己的需要，那么他只能先咽下自我欺骗的
34 苦果。现在他不再认为人们总是了解自身的需要。他现在甚至觉得有时候我们可能不及他人了解自己，对他人冲动、对自身怯懦，使我们无法掌控好自身需要的矛盾。但是在人类世界中，爱与慈悲必须信任需要。不论我们认为人类的自我认识有哪些局限性，人类认识自身的

能力都应该得到肯定，因为没了信任，压迫也将随心所欲。如果穷人的理由得不到强者的信任，那它们永远都是不够合理的。对待穷人，有钱人的仁爱永远不缺吝啬的理由。“最卑贱的乞丐，也有他的不值钱的身外之物”。不论是因为隐瞒了财产，懒散或者自我忽视，行乞者总是处于“渴求”的状态。要求穷人给出理由其实就是要求他们证明自己是“值得帮助的”。但就如莎士比亚在其他作品中提到的，如果我们要满足每个人应得的，“那么谁逃脱得了一顿鞭子”(《哈姆雷特》第二幕第二场)。需要的提出与应不应得无关；它有赖于这一需要对人而言的必要性，而不是其价值；有赖于人们仅有的那点普遍人性，而不是赢得同情的能力。

一旦富人开始要求理由，一旦他们不再信任需要，义务从何谈起，这是李尔的疑问。极度饥饿中发出的乞求，可以说服铁石心肠的人吗？为什么不能呢？“那和畜类的生活有什么分别”。

其实李尔考虑到乞丐的诉求自有他的道理。他曾经在众目睽睽之下扮成一个乞丐跪倒在宫殿里，咬牙低语道：

> 我承认我年纪老，不中用啦，让我跪在地上，请求您赏给我几件衣服穿，赏给我一张床睡，赏给我一些东西吃吧。

这种自我惩罚的可怕尝试是为了羞辱他的女儿们，借此李尔想让她们承认他不该受到乞丐的待遇。“啊！不要跟我说什么需要不需要” 35
说明现在他开始意识到这才是自己将要获得的待遇。老乞丐需要什么，女儿就只给他什么——食物、住所还有衣物，但就是没有他本应得的侍从。

让我们来对比一下这些说法：人所需要的不是他要努力争取才能得到的，也不是他本就应得的。人所要证明的只有必要性，而不是资格。他是人，所以他拥有权利，与他的个体身份无关。普遍人性足以成为要求他人富余之物的理由，这是人类义务的基础。这种要求是绝对平等的：每个人都有权获得生活必需品，不能多也不会少。

一个人应该得到什么，从另一个角度来说即他们值得什么。在基本需要之外，人们根据自己不同的功绩、身份和阶层还可提出额外的需要。如果基本需要是人作为一个自然人所必需的，那么这些额外需要则是他作为一个社会人应得的。如果说一个人的需要是他生存所必需的，那么他应得的就是他的声名（他的自尊，及别人对他的尊重）所必需的。国王应该得到侍从；父亲应该得到女儿的尊重。提出需要，人人平等，但提出应得的则不然。侍从不是乞丐应得的。对拥有者而言，应得的还有更多，对那些一无所有之人，满足其最低限度的需要就足够了。

尽管这两种标准在概念上截然不同，但实际上在所有完整的人类义务概念中，它们从来都不是孤立的，这正是李尔要求侍从的关键所在。一个人需要的就是他应得的，而他应得的，就是他需要的。他不单只是需要服装、床铺和食物，他需要的是与他的阶层、德行、经历所匹配的这一切。李尔的女儿们只能接受他作为“寒碜的赤裸的两脚动物”提出的要求，拒绝提供给他他作为一个父亲与国王所应得的。但李尔坚持认为只满足他作为“寒碜的赤裸的两脚动物”的需要，是一种侮辱，并暗示任何人都是如此。一个人应得的就是他真正的需
36 要，李尔呼喊着却没能把话说完，因为这一切本就无须言明，他难以说出口。每个人都应该得到尊重，没人的尊重是靠乞讨得来的，他大声说道。

这是对矛盾的激烈辩护：如果说我们公平地对待所有人单纯是因为他们是人类的话，这就否定了基于人性他们应得的尊重。如果我们仅根据个人需要而非其应得的进行给予的话，那么这种可怜的平等性就将个体消解为了自然人。可是如果将每一个人视作人类那样来对待，就要考虑到他们的功绩、阶层、品德和应得的不同，这又是不平等的。门口穷困潦倒的乞讨者能得到什么，女儿们就给他什么，不会多也不会少，这种给予背后的平等是蔑视性的，它激怒、羞辱了李尔。

当今世界，我们关于人类尊严最为深刻的政治构想都伴随着平等思想。但是在李尔所处的时代里，在莎士比亚笔下的世界中，人类尊严基于如下差异：阶层、头衔、王权的盛装与侍从。在这种思路下，人类在忠诚履行自身地位对应的责任时获得尊严。莎士比亚认为，人类平等的那些范畴——肉身、苦难与死亡的平等，并不是人类尊严的本质要素。诚然，李尔守护了一个人人得以充裕的世界，但他同时也为一个现代人十分陌生的主张辩护：尊严来源于差异，而非平等。

然而，如果说根据人们应得的来区别对待他们是仅有的、尊重他们作为人类的方式，那么何种不平等才是合理的？对应得之人如何进行分配才不会反过来侮辱了穷人？李尔并没有思考过这些有关公正的问题。公平公正只会成为被剥夺者的难题，当时，比起他作为一个人可能需要的，李尔更看重自己作为一个国王所应得的。

由于没有在开始时就发表看法，李尔陷入了最耻辱的境地。“啊！ 37
不要跟我说什么需要不需要”是对人生中那些不言自明的真相的激烈辩护。不言自明的真相的共同基础正是人与人之间的联系。当自己被迫为那些不言自明的真相提供理由时，李尔知道，在女儿们看来，自己不过是另一个无名乞丐。贪婪、仇恨和权力已经侵蚀了父女间的默契；取代原本该有的缄默的那些言语，它们只具备权力希望它们拥有的意义；而无须言语的信任已被勉强同意取代，正是因为这种无须言说的信任，强者才肯屈就弱者。自己的所作所为，已经破坏了将人类凝聚在一起的无言之义，对这位老人而言，这一想法难以承受：

> 啊，傻瓜！我要发疯了！

但李尔疯狂的原因不止于此。第一幕第一场“爱的竞价”中，李尔要求女儿们在众人面前表白自己的爱。这多余的程序羞辱意味更浓，女儿们认为自己说什么并不重要：老人已经做了决定，他已在地图上划分疆域，最大的那份早已属于考狄利娅。国王的欲望想要最后再显示一次无情的王权的力量：它命令考狄利娅表白自己有多爱父亲。

当然，这是权力永远无法提出的要求之一。高纳里尔和里根说的是拍马奉承的谎言。如果要对有权者表白爱意，这份爱必须明确自己不怀有任何恐惧。对那个众所周知最爱自己的人，李尔只想要求她按照他的命令说出对自己的爱，这时诚实使她回答：

> 父亲，我没有话说。

然后，

38 我是个笨拙的人，不会把我的心涌上我的嘴里；我爱您只是按照我的名分，一分不多，一分不少。

有些需要可以通过情感纽带得到满足：对侍从的需求，对父亲命令的顺从，就是这样的需要。但是爱，这是一种不带任何义务色彩的需要。权力使李尔错误地认为，自己的需要是可以左右女儿爱意的法则。然而爱是馈赠，而非债务。它的不公与不义在于它不能按着命令“涌上我的嘴里”。这就是考狄利娅凭着年轻人坚决的自义与来自父亲的那点倔强，试图让李尔明白的真相。对这一立场的坚持容不得任何妥协。在王权的驱使下，爱就不再是爱了。她的未婚夫法兰西王十分清楚这一点，并为她辩解道：

> 爱情里面要是掺杂了和它本身无关的考虑，那就不是真的爱情。

但是谁会盲目到忽略爱“本身”？谁会真的相信他们可以命令他人爱自己？如果我们认为李尔真的相信自己有权获得女儿真心的表白，这就意味着君主的身份并未使他懂得权力与支配者的期望会如何影响臣民的表白。斯坦利·卡维尔（Stanley Cavell）曾提出，如果李尔能分得清真实的爱与流于形式的表演，那这场“爱的竞价”就更合理了。[①]他的提问并不是“你们中间哪一个最爱我?”，而是“告诉我，你们中间哪一个人最爱我?”比起“感知到的”，显然，他更关心“说出来的”。不论如何，地图上的分界线早已绘就。权力要求我们遵从臣服于它的意志。

---

① 斯坦利·卡维尔，《爱的逃避》，出自其作品《我们所言必为所想吗？》（*Must We Mean What We Say?*，Cambridge：University Press，1976），pp.272–300。

39 李尔清楚，他可以要求的与他需要的有何差别。他对考狄利娅提出的要求与对另外两个女儿提出的并无差别：对女儿们而言，一个形式上的表态就已足够。因为形式上的表态不需要李尔做出相应的声明。权力的意象——授予的疆域与统治权，就是他的嘉奖，但是，女儿真心告白则需要他回应自己的爱意。

如果这就是李尔想要的，那么考狄利娅错在太过平淡地表达爱意，而不是不去表达。更为糟糕的是，她的表白显示了李尔对她的需要带有的无情占有欲。她说道：

> 要是我有一天出嫁了，那接受我的忠诚的誓约的丈夫，将要得到我的一半的爱、我的一半的关心和责任；假如我只爱我的父亲，我一定不会像我的姐姐们一样再去嫁人的。

提到要将自己的爱平分给父亲和丈夫，考狄利娅并不是要对情感进行斤斤计较的计算，而是面对一个拥有一切的父亲时，一个女儿对自身欲望自主权的捍卫。李尔要的是一个十足正式的、仪式化的场景，但考狄利娅想有个机会说出家庭欲望的真相。那句坚决的“父亲，我没有话说”表明了其自身强烈的爱，以及李尔要求的矛盾本质：他想从她那得到的，需要牺牲她的两性关系。

令李尔无法忍受的是考狄利娅对他需要的认知，而非她的自义。然而即便在这灾难临近的时刻，我们仍能想象有人会退一步思考，承认女儿说的事实。即使要让一个深谙谦卑的人承认这一事实都很难，更何况是一个被权力蒙蔽双眼的人。考狄利娅的诚实使李尔烦乱不已，他选择了否定：

> 我发誓从现在起，永远和你断绝一切父女之情和亲属的关系，把你当作一个路人看待。

这种不可能做到的否定是权力与它无法掌控的事物又一次讽刺性 40
的碰撞，甚至是种权力的自我斗争。李尔随后承认，女儿是“我身体上的一个恶瘤”，而非可以驱逐的仆人。对于这一点，在开口否认的那一刻，他其实是有所意识的。他转向肯特（Kent），愤怒而又痛苦地说道：

> 她是我最爱的一个，我本来想要在她的殷勤看护之下，终养我的天年。

在“看护”这个词中，需要的意图是显而易见的：依靠她来终养天年，就像人们将头枕于爱人膝上，孩童休憩在母亲怀中。仅仅是为了这个，为了所有无法重返的最初，他才会愿意放弃自己的权力。

李尔对考狄利娅的需要诠释了这个词语最残忍的含义。它是权力无力抗拒的强烈欲望，是目无法纪、只听从自己内心声音的冲动。要满足或者抑制这种需要都是不可能的，这种双重无解对任何一个父亲而言都是异常残忍的，但对一个从未受挫的君主而言，它将这种想入非非变成了疯狂。

当李尔冲进暴风雨中，只有傻瓜和肯特陪伴在旁，他穿过了社会世界和无主之地的分界线，超越了理智与责任的鸿沟。在莎士比亚的时代，无主之地并不远，它就在城市和村落边缘。它发端于封地的终点，无治安官和法官涉足，领主也放弃争抢此地。荒野，是英格兰远离分封农田和中央王朝的广阔天地，是荒蛮生长和黑暗的地带，那里没有巡逻队和警察，不见皇家大道与灯火。村庄秩序的逃脱者、拒绝在教区定居的贫民、逃离雇佣劳动压迫的流浪汉、没有自有土地和生意的无主之人，如可怜的汤姆（Tom O'Bedlam）那般的疯人、逃犯和
41 被家人遗弃驱赶的老人，荒野就是他们的归宿。[①]这个超越习俗与责任的世界，极大地激发了莎士比亚的想象力。越过城堡的城墙，哈姆雷特凝视着这个黑暗世界；为了寻找三个女巫，麦克白放弃了安全的城堡要塞。

荒野是真实存在的，又是想象中的。如果人类行为不再受到同情、责任，以及荣誉与嘉赏的制约，那么人类世界就会成为荒野。它是自然人的领地，他们远离社会，没有华服与侍从，丧失了骄傲与尊重。但李尔意识到了自然人的一种可怕特征，他们的生活处于最低水平，徘徊在生死边缘。可以说，这是无人能够忍受的悲惨。

李尔的生活转向落魄，经历过这种痛苦，疯狂中的他重拾理智，盲目中有了洞见。当骄傲终结，李尔开启了自谦与自我认知之路。只有一国之君敢冲进荒野的黑夜中，去拥抱孤寂，与狼枭一同领悟忠诚，发现“必要的刺痛”。傻瓜评论，那些生来衣食无忧的人，不会发现这一点，而那些已经习惯自然“可怕的威力”的人，则不会为她

---

① 关于伊丽莎白一世时期的荒野及其流浪者，参见克里斯托弗·希尔（Christopher Hill）的《革命世纪：1603—1714》（*The Century of Revolution,1603–1714*，Edinburgh：Nelson，1961）；另参见其作品《革命前英国的社会和清教主义》（*Society and Puritanism in Pre-revolutionary Englan*，London：Panther，1979）；R. H. 陶奈（R. H. Tawney）的《贫穷新良方》，出自其作品《宗教与资本主义的兴起》（*Religion and the Rise of Capitalism*，London：Panther，1979），pp.251–271；另参见其作品《16世纪的农村问题》（*The Agrarian Problem in the Sixteenth Century*，New York：Harper，1967）。

的不公而烦恼。面对暴风雨的无情肆虐，只有国王才会发现悬于君主头顶的审判之剑。

从暴风雨开始的那一刻起，疯狂的李尔极力展现了权力自大、自我辩解式的盲目无知，在逐渐被剥夺了所有后，落魄的他终于有所洞察。在破屋里，看到爱德伽（Edgar）假扮的疯乞丐“可怜的汤姆”（Poor Tom），如李尔自己所说，他的头脑“开始昏乱起来了”。他第一次意识到，自己同他人一样要遭受不幸，并不会因为是国王便能免受惩罚：

> 你怎么啦，我的孩子？你冷吗？我自己也冷呢。我的朋友，这间茅屋在什么地方？一个人到了穷困无告的时候，微贱的东西竟也会变成无价之宝。

作为有需要的人类，对生存必需品的不同需求，使人与人之间罕 42
有平等。李尔不再自我同情，转而同情他人，然而这同情依然免不去君王的疏离感：

> 安享荣华的人们啊，睁开你们的眼睛来，替这些不幸的人们设身处地地想一想，分一些你们享用不了的福泽给他们，让上天知道你们不是全无心肝的人吧！

昏聩的葛罗斯特（Gloucester）并不知道乞丐就是自己的儿子，对着乞丐，他表达了同样的同情，保持着同样的距离：

> 来，你这受尽上天凌虐的人，把这钱囊拿去；我的不幸却是你的运气。天道啊，愿你常常如此！让那穷奢极欲、把你的法律当作满足他自己享受的工具、因为知觉麻木而沉迷不悟的人，赶快感到你的威力吧；从享用过度的人手里夺下一点来分给穷人，让每一个人都得到他所应得的一份吧。

这里，对国王的同情进一步下移，成了面向普通赤贫者的同情，这种下移，使能达成补偿和公平分配的同情进化为能实现基本需要的终极平等。在疯狂的驱动下，李尔不再执着于国王应有的待遇，他迈出了这最后一步。言语间，曾经的诗句碎裂成一段段普通的絮语，道出了最为严酷的事实：

> 难道人不过是这样一个东西吗？想一想他吧。你也不向蚕身上借一根丝，也不向野兽身上借一张皮，也不向羊身上借一片毛，也不向麝猫身上借一块香料。嘿！我们这三个人都已经失掉了本来的面目，只有你才保全着天赋的原形；人类在草昧的时代，不过是像你这样的一个寒碜的赤裸的两脚动物。

带着几近疯狂的愉悦，李尔欣然接受了需要的平等性，他对国王自我保护式的同情做了最后告别。他开始扯去自己的衣服：

43 脱下来，脱下来，你们这些身外之物！来，松开你的纽扣。

在探索自己与他人的关系时，我们应避免包括冷漠的同情、荣誉感、权利意识在内的一切干扰，这似乎是李尔想要表达的。可以想象，带着对赤身裸体的汤姆的爱，李尔瞬间变得疯狂。现在他不再索要侍从，不再要求彰显自己至高无上的身份：彻彻底底的失去教会了他，对落魄者的同情是我们唯一共有的财富。

混杂了怜悯与轻蔑，同情是种复杂的人类情感。疯狂的李尔王道出了那些对立的情感——既同情自然人本质上的痛苦，又蔑视全人类所共有的令人同情的属性。我们这个年代的人道主义所代表的尊重是全人类的固有权利：然而一个遍体鳞伤、胡言乱语，在暴风雨中在废弃破屋中撕扯自己衣服的可怜乞丐，他到底有什么值得被尊重的呢？这是李尔提出的残酷问题。衣衫褴褛的国王，侍从、奢华甚至理智都离他而去，他要靠什么来获得尊重？莎士比亚想让我们思考的是，人之为人，应该得到什么样的尊重。在城堡、家庭、社会世界这些安全区域，这个问题需要得到解答。在这些地方，我们看到的人衣着各异，相应地，他们得到的尊重也由差异决定：他们的智慧、仁爱、君主的威严、天赋的权力、美貌、阶层和声望。但是在危险区域：在极端条件下的无主之地，脱离了家庭与文明，超越了能保障人们基于差异而得到尊重的制度这一安全范围后，我们该如何解答这个问题？

荒野上，肉体是人类唯一的共性，别无其他。国王与乞丐一同失去了理性：他们一起叽叽喳喳，像鸟一样。单论生理上的痛苦，他们是平等的，亦是相同的。

相应地，我们时代的人道主义认为人类的共同点不止于此。生理 44
需求在我们的需要中占比极小。我们是拥有理智与语言的生物，所有生物中，只有我们是与生俱来就会产生并交流自身对尊重、理解、爱与信任的需要的。

对于人类本性，比起莎士比亚在虚构的荒野中所表明的观点，以上设想似乎更为宽泛与人性化了。然而，人性化的设想却有意料之外的结果。人类的定义一旦被放宽，真正的人类——我们时代的“可怜的汤姆”、疯狂的国王们、精神病人、智障者、聋哑人、肢体残疾的人和疯子，却渐渐被排除在外。那些医生和法官，为自己揽了这桩“了不起”的生意，来决定谁是人——换言之，谁是正常人，他们设计建立了大量的机构来使“可怜的汤姆”和疯狂的国王重新为人。结果，理性的人反而成了那些自以为拥有神圣权力的掌权者的信徒，掌权者们认为自己可以判定某人是否是理性神圣范畴内的一员。将定义人类的标准扩大到肉身以外，会让对理性的专制，而非对非理性的专制合法化，这是未曾预计到的影响。[①]

在面对和“可怜的汤姆”一样备受摧残的肉身时，疯狂的李尔王承认人类肉身可怜的自然属性，但这并不足以区分理性与非理性。除了这具可怜虚弱的身躯，我们不再共同拥有什么。但如果真是如此，它该得到什么样的尊重呢？面对人类各种形式的苦难，该报以何种同情？李尔坚持认为尊重他人的考验存在于人生最艰难的处境中：不是来自邻居、朋友或者亲属，而是喋喋不休的陌生人、公立医院后部病房中散发着恶臭的失禁病人，以及患有唐氏综合征的孩子。如果说人不过是“寒碜的赤裸的两脚动物”，那我们的同情无疑暗藏着蔑视。

---

① 这一主题自然是米歇尔·福柯（Michel Foucault），《疯癫与文明：理性时代的疯癫史》（*Madness and Civilization: A History of Insanity in the Age of Reason*，New York：Vintage，1973）的中心论点。

然而即使在这种极端情况之下，始于荒野的对多余之物的剥离与丢弃，势必不会停止。人的不公平不仅在于需要、尊重和财产，还在 45
于评判他人的权利。未曾接受评判是李尔享有的最大的不平等。即便疯了，李尔依然不放弃自己的评判特权，仿佛是为了让自己免于最后的沉沦。在破屋里，李尔上演了一场疯癫的戏码，一把折凳代表了他的一个女儿，他传讯这把折凳，然后让雷电审判她的忘恩负义。如此一番，却只能在三只小狗的注视下感受自己正义的消逝：

> 这些小狗：脱雷、勃尔趋、史威塔，瞧，它们都在向我狂吠。

这个连狗都视其为污秽乞丐的人，能有什么样的评判权呢？狗吠声使他从疯狂中清醒，认识到自己已是哪番模样。他开始明白，自己拥有评判权的前提在于普遍存在的残忍行为不会波及他。他开始不再顾及自己的“豁免权”：

> 你这可恶的教吏，停住你的残忍的手！为什么你要鞭打那个妓女？向你自己的背上着力抽下去吧；你自己心里和她犯奸淫，却因为她跟人家犯奸淫而鞭打她。

李尔曾经痛斥他人私密乱伦的想法，现在却承认“没有一个人是犯罪的，我说，没有一个人”，他开始脱下自己的长靴并让盲了的葛罗斯特帮忙。脱下长靴，似乎象征着他放下了国王的评判权。

然而即使评判权可以像靴子那样被丢弃，还有许多东西，人们想要放弃却又无法成功。如果《李尔王》只是一个人习得谦卑的悲惨故事，那么它就没什么悲剧色彩。如若我们能学会放弃无法得到的，那么需要也不会变成一桩不幸。但是我们不是动物：我们的需要与现实并非天生匹配。

苦难，使李尔评判的权利与自我保护的同情消失殆尽，却无法抑
46 制那些即使受苦也要满足的需要。时间的流逝，会使欲望被抛却，许下的心愿被冲淡。但如果李尔对考狄利娅的感情也能称为需要的话，那么既无法拒绝也难以持续，便是这一需要的悲剧。这种意气用事的需要让他陷入僵局，他在自己一手制造的迷宫里横冲直撞，时而承认，时而又否认是欲望在折磨他。

那个被他愤怒的目光牢牢盯住的“脸上堆着假笑的妇人”，到底是谁呢？

> 她装出一副冷若冰霜的神气，做作的那么端庄贞静，一听见人家谈起调情的话儿就要摇头；

这说的是谁？他对女性的猛烈讥刺所指向的又是谁？

> 她们的上半身虽然是女人，下半身却是淫荡的妖怪；腰带以上是属于天神的，腰带以下全是属于魔鬼的：那儿是地狱，那儿是黑暗，那儿是火坑，吐着熊熊的烈焰，发出熏人的恶臭，把一切都烧成了灰。啐！啐！

如果考狄利娅是他暴怒的对象之一，那谁是另外一个？除了她，

到底是谁的脸带着“冷若冰霜”的神气？他将自己的欲望转嫁给所爱之人，然后又把自身无法承受的惩罚倾泻给后者，这是他否认的策略中最不顾一切的做法。

即使在如此接近人生尾声的时刻，他依然无法下决心坦承自己对任何一个人的爱。因忠于他而失去双目的葛罗斯特，靠近并想要亲吻他的手，而他却在这个时候移开手，说道：

> 不，盲目的丘比特，随你使出什么手段来，我是再也不会恋爱的。

丘比特献给李尔的是葛罗斯特流血的眼窝。虽然事已至此，但后续更是雪上加霜。“我知道你是什么人；你的名字是葛罗斯特。”他认出 47
了这个盲人，但并不会爱他。不止如此，他讽刺地说：“让我讲一番道理给你听。”然而虽然他得意地沉浸在癫狂中，在他给葛罗斯特的建议里，还是可以看到一丝体贴：

> 你必须忍耐；你知道我们来到这世上，第一次嗅到了空气，就哇呀哇呀地哭起来。

李尔的爱就潜藏在“忍耐”这个词里。我们已无法直观感受到这个词在莎士比亚时代所具有的力量。众所周知，忍耐在现代的含义是十分简要的。经历了长久的折磨，和时光中平静持久的争议，跟莎士比亚时代比起来，这个词已具有了不同的含义。比如，詹姆斯国王（King James）版本的《路加福音》中，门徒们问在基督第二次降临前，他们还要忍受多久的时间流逝。以他们难以承受的坦率，耶稣告诉他们，这是个漫长的过程，而他们的痛苦将是巨大的。在这个时刻接近前，会有地震、饥荒、瘟疫、天堂来的大神迹和地球上的大迫害。他将忍耐作为门徒的核心精神："你们常存忍耐，就必保全灵魂。"(《路加福音》，22.19）①

我们生活的现代世界还让忍耐一词丧失了和忍受痛苦的独特联系。只有医学上的"病人"一词,还讽刺地与受苦留有一丝关联。以科学的力量战胜痛苦导致我们对依然存在的痛苦失去了耐心，以至将其视为不必要的耻辱，可耻且被动地屈从于它的力量。莎士比亚的忍耐则是积极的：面对苦难，不屈不挠，并以嘲讽的态度接受痛苦带来的教训。

48 但是，如果李尔懂得反思自我，悲剧也就不会出现。当他向葛罗斯特倾诉童年、哭闹和叫喊时，其中的某些东西使他又一次走上自我毁灭的老路。"当我们生下地来的时候，我们因为来到了这个全是些傻瓜的广大的舞台之上，所以禁不住放声大哭"。此言一出，李尔曾经想变成考狄利娅的孩子和情人的狂热又重现了。凭着与孩童如出一辙的脾气，他开始攻击女婿们，法律赋予了后者他渴望拥有的身份。然而这掌控他的熟悉的愤怒，并不属于热衷评判的国王，而是一个婴儿不受拘束要铲除一切的暴怒：

> 我要把它实行一下，悄悄地偷进我那两个女婿的兵营里，然后我就杀，杀，杀，杀，杀，杀！

---

① 此句内容应出自《路加福音》21 章 19 节，原书疑有误。——编者注

在这种极端的需要中，不会有任何的解脱与可行的忍耐。至少疯狂可以让他说出自己的需要，因为疯狂，在考狄利娅最后发现他时，他得以成为一个偎依在她怀中的孩童。考狄利娅与“被不孝的女儿所反噬的老父”交谈，并将其揽入怀中，但愿“我的唇上有治愈疯狂的灵药”，可惜为时已晚。

当李尔最后终于与考狄利娅相认时，他双重性的需要成了两人和解的阴影。被不孝的女儿所反噬的父亲，是父亲也是孩子，是重回纯真童年的老人，也是激情洋溢的情人。李尔激动万分地畅想他们在一起时未曾发现的那种幸福，然而这是脆弱易逝的。像一对囚禁笼中的鸟儿，孤独、与世隔绝，像偷偷俯瞰人类虚无野心的“上帝的耳目”——所有他畅想的与考狄利娅的未来生活都是虚幻、无法实现的。返老还童的老人可以和女儿一起露宿街头：但他涌动的欲求只有在被囚禁时才能得到满足。李尔在和考狄利娅一同被囚禁时还能无比欢喜，并非因为年老失势不得不“忍耐”，而是这让他体会到了情人苦涩的胜利。

> 谁要是想分开我们，必须从天上取下一把火炬来像驱逐狐狸一样把我们赶散。

考狄利娅流着泪。她是否清楚他所要之物根本就是空中楼阁？他 49
不顾一切地哭喊着：

> 揩干你的眼睛；让恶疮烂掉他们的全身，他们也不能使我们流泪，我们要看他们活活饿死。

如果这绝无可能，如果奴隶必须杀了考狄利娅、使他们天人永隔，那么俄狄浦斯定律（the Law of Oedipus）可以解释这种必要性。这种需要是被禁止的，且必将遭受惩罚。死亡势必无法挽回：“（你是永不回来的了，）永不，永不，永不，永不，永不！”

当爱德蒙下令一名随从军官绞杀考狄利娅，这个“奴隶”低头耸肩，去执行主人给他的密令：

> 我不会拖车子，也不会吃干麦；只要是男子汉干的事，我就会干。

这就是人类世界；人所做的是谋杀同类的勾当，像车辕之间拉车的马，冷漠地奉命行事，而非如狼那般在敌人的脖颈间暴怒咆哮。诸如此类的行为还有：将暴风雨中战栗的老人拒之门外，目睹他人忠诚而心生恨意、毁其光明。

同情，也是人的职责之一；回想下那位拔剑反抗主人、阻止葛罗斯特被继续挖眼的仆人，他大声呼喊：

> 我从小为您效劳，但是只有我现在叫您住手这件事才算是最好的效劳。

为自己的仁慈同情，他付出了生命的代价，但正是他的牺牲，拉开了恶人恶报的帷幕。

剧作家采用了极端的构思。呈现一个同情缺位的世界，是为
50 了让我们懂得人类慈悲的价值；展示不义的丑恶，是为了让我们了

解感恩之于自身的意义；展现我们沦为畜类时的极低需求，是为了让我们意识到为人之时的膨胀欲望。我们就是这样的人。忠诚，必须嵌入我们的头脑中，有了它，人类世界才能具备人性。不付出代价，我们将永远无知；未经历匮乏，我们永不知何为充足；未曾被剥夺，我们永不知自身所需。穿过迷雾，方能洞明；要习得需求的艺术，悲剧无可避免。

如果需要是种悲剧理念，如果《李尔王》是部关于需要的悲剧，那则是因为那些被我们称为需要的情感是必要的，它甚至会驱使我们走向自我毁灭。欲望并不会促使悲剧生成：它只是狡猾地歪曲事实，将枝蔓攀附于现实的壁墙上。但是需要无法屈从，不会迁就，也不会等待。它没有耐心，不顺从于意志与现实，所以它是悲剧的。我们不是坐在暴风雨中、通过改变对策来适应现实的动物。我们是唯一会因为命运不公而愤怒、会反抗其施加在我们身上的需要与命运的生物。

需说明的是，莎士比亚时代的荒野已经消失了。领主们筑起了篱笆，将其犁平并种上牧草，让无主之人在上面劳作赚取报酬。明亮的公路刺穿了它的黑夜，公共治安全境铺开。深夜，警察会在废墟中巡逻。流浪者住在收容所中或被记录在失业名单上。像李尔一样被女儿们遗弃的老人现在拥有了自己的养老金和家访员。

但是现在依然有荒野存在；它就是国家监禁系统的巨大的灰色地带。在精神病院的病房里，护理员将稀粥胡乱灌入呆滞的或者不配合的病人口中；药房里，一个个药物托盘准备就绪；监狱的狭窄通道上，食物被倒在锡盘里塞进牢房。需要得到满足时，精神却被羞辱了。自然人，——那“寒碜的赤裸的两脚动物”，依然存在；社会人 *51*

逐渐消亡。[1]

我们身后还有一个荒野——存在于我们的过往中。想想40年前那些在北欧和东欧的平原上星罗密布的集中营，现在它们依然点缀着西伯利亚的空旷地。父女们、母子们，来到这片由带刺铁丝网和铁路线区隔出来的空地，每个人都抛下了城里的家园，每个人的过去都根植于欧洲历史的本源中。来到这里的每个人都带着李尔口中的“侍从”：衣服、提箱、担当，以及曾使他们独一无二的荣誉与尊重。在带刺铁丝网围就的方框里，戒指、提箱、头发、眼镜和衣服，这些使他们成为独立真实个体的东西都被除去。在分离、苦痛与折磨的摧毁下，他们崩溃了，成为单纯的、同质的人类个体。我们所在的这个世纪，首次实行了如此大规模的实验：数以百万计的社会人参与其中，每个人都被简化得那样抽象，这数量是前所未有的——自然人、纯粹的人、带刺铁丝网后目不转睛的受害者、可怜的汤姆、“天赋的原形”。

想象一下，数以百万计的人伸出双臂，只为了能从奶罐里分得一点儿牛奶，或从富裕国家的救济粮中分得一杯谷物。他们的国家不能养活他们；他们的部族被饥荒摧毁；他们身处荒野中。同其他忍受不断加剧的苦难的人一样，他们最终只有一个诉求：因为他们是人，他们就应当生存——这也是李尔的诉求，汤姆的诉求。正如李尔最终认识到的，

---

① 我的第一部作品《痛苦的正当尺度：工业革命中的监狱，1750—1850》（New York：Patheon，1978；London：Macmillan，1979；Milan：Mondadori，1981），是关于监狱的创建史，人们将其视作重塑灵魂之地；欧文·戈夫曼（Erving Goffman）的《精神病院》（*Asylums*，Garden City，NJ：Doubleday Anchor，1961），将“全控机构”作为一个道德世界，做了经典阐述；参见戴维·A. 理查兹（David A. Richards）的《权利，效用与犯罪》，出自《犯罪与司法——年度研究综述》（*Crime and Justice: An Annual Review of Research,* Chicago：University of Chicago Press，1987），vol.3，pp.247–295。

这最后的要求，是人们可以对彼此提出的最低限度的要求：这个要求是面向所有人的，这反而让其失去了具体的申诉对象。一旦没有家庭、部族、国家、城市来倾听这个诉求，那就只剩下暴风雨了。

李尔认为我们的社会责任，比如父亲对女儿的责任，必须以每个 52
人都能接受的自然人责任为基础。跟我们中的许多人想法一致，他认为我们此时此地面向特定个体的社会责任——比如我们作为父亲、儿子、女儿或者公民的责任——建立在一个与自然责任共享坚实基础的金字塔结构上。这就是应有的事实。社会理应建立在自然之上。在那些将我们与某个特定个体联系在一起的责任之下，应该还有一种责任把我们和所有人联系起来，不论他们与我们是何种关系。事实上，社会与历史之下，空无一物。

当一个犹太人再也不能以邻居、朋友、亲戚、伙伴，甚至犹太同胞的身份来向他的德国同胞求助时，当他最后在带刺的铁丝网上，赤身裸体，只得向那个手执鞭子的人类同胞求助时，一切都为时已晚。如果人们视彼此为人，为一种抽象的普遍存在的话，在其中一方有权，另一方无权时，有权一方就会像豺狼一样对待自己的同类了。

为了让正义来到荒野，为了保护那些因战争与迫害置身无人之境的“可怜的汤姆”们，出现了普遍人权的原则，而且我们也努力让杀人犯和刑讯者去尊重人类主体的不可侵犯性。[1] 如果我们所有人都有同样的需要，那么我们也拥有一样的权利。

---

① 参见《联合国人权宣言》（the United Nations Declaration of Human Rights，1948），D. D. 拉斐尔（D. D. Raphael），《政治理论与人的权利》（*Political Theory and the Rights of Man*，London：Macmillan，1967）一书中的评论与批判。

我们有差异，有个性，有各自的经历，忠实履行的责任文化也各不相同，然而从这些不同中，我们发现了彼此共有的人性。但在普遍性中，我们无法分辨每个人的个性。对全人类的爱是不存在的，有的只是一个人对另一个人的爱，而这种爱也是此时有、彼时无的。

我们这个世纪的专政与恐慌创造了抽象的国民，宣扬人类普遍需求与权利的那些教义并不能保护他们。这不仅是因为教义是抽象的文字，而执鞭掌权才是具形的实体。关键并不在于要捍卫这种普遍性，
53 而是要让这些抽象个体具备保护自己的社会关系与能力，给他们机会再次成为真实存在的个体。荒野必须由主权国家来开垦，这个国家拥有军队，有能力保护自己的人民。对失去祖国之人，则必须给他们这样一个国家：因为作为抽象意义上的人来说，他们不能寄望于这种间断无常的人世良知来保护自己。如果国家不能养活自己的人民，那么在全球经济满足基本需求的同时，他们必须懂得如何实现自足与独立。任何依赖他人的抽象人性来获得食物与保护的人，都将失望而归。任何身后没有国家、没有家庭、没有近邻、没有社区来实现他需要诉求的人，都将遭遇不幸。权力与暴力主宰着这片荒野，而非责任，而李尔醒悟太晚。

2 灵与肉

渴望使心灵丰厚。

——奥古斯丁

哲学家曾把人称为政治动物、语言创造者、工具制造者、理性动物，甚至还有笑脸动物。如此定义人类，是基于我们最优秀之处来阐释为人的意义。那么最糟糕的呢？在荒野上，肉身是人们唯一的相似之处，在有些人看来，兄弟的血肉之躯不过就是一种肉类。 57

根据需要来阐释为人的意义，意味着仅从身体及其所缺乏的入手，这既不涉及人最优秀的部分，也不涉及人最糟糕的部分。以我们得不到的，而非拥有的，来明确我们的共同点。在人类需要的语言中，人类被自然和彼此所牵制，天生就是匮乏、不完整的。缺席之物是一切的发端。

这一有关为人意义的观点发源于宗教的原罪思想。在犹太—基督教（Judeo-Christian）的传统中，人性既非既成事实，也不意味着无限可能，相反的它是个麻烦。犹太教徒和基督教徒曾提出，人类是一种有需求的生物，他们该如何与上帝的美德典范相协调？为什么人类注定要承受匮乏、劳苦、苦难和死亡？为什么作为生物，他们充满需求而非感到完满，面临匮乏而非实现充足，居无定所而非有所归属？

《创世记》的3.9–3.19是亚当受到惩罚的故事，揭示了人类因狂妄自大而不再满足于富足的天堂，败给了自己贪婪的欲望。此后，但凡要剖析人类作为需求生物的属性，就要回到天堂和自然的状态，以此来解释人类为何会痛失富足生活。如果人性能安于富足，那么历史
58 便不尽如此，只会有永恒的福佑馈赠。然而我们吃了“知善恶树”的果实，被驱逐出天堂。在原罪的驱使下，我们的天性具备了历史性，而我们需要的历史是悲剧的，就如被诅咒的亚当，要从事劳作，饱尝苦难。

奥古斯丁曾在北非港口希波（Hippo）担任主教，从公元410年哥特人洗劫罗马，到公元430年汪达尔人在希波大肆破坏，这段时间里他深入研究了《创世记》的各个章节，献上了《上帝之城》(*The City of God*）一书。这是他为基督教反对异教徒所做的有力辩护。[①]

天堂中性的本质是奥古斯丁最为关注的问题。亚当与夏娃是如何做到遵守繁衍的神圣戒律，而不犯下淫欲之罪？摩尼教派（Manichean）坚持人类欲望是邪恶的化身，其教义曾困扰了年轻的奥古斯丁；同样的，柏拉图主义者（Platonists）也认为善只存在于灵魂中。因此，思考天堂的性就是要明确基督徒应如何看待身体的欲望。奥古斯丁认为，柏拉图主义和摩尼教的观点都使上帝的智慧蒙受了一种本质的不公。假定我们的身体已经被原罪所玷污，则意味着上帝可能创造了邪恶。

① 参见希波主教奥古斯丁的《上帝之城：驳异教徒》(*Concerning the City of God Against the Pagans*, London：Penguin，1972），Book XIV。

当然肉体“自身的本性是良好的”：奥古斯丁试图在基督教教义中找到对床笫之欢的肯定。然而身体和灵魂都无法单独成为美好之物的标准。当身体与灵魂一同服从上帝的戒律时，亚当和夏娃才认识到伊甸园平和的幸福。在园中，意志与欲望是绝对一致的。天堂中的婚姻“不知反对，不知抵抗，不知欲望与意志的博弈，或者至少，它不知道贪婪
欲望与独立意志间的巨大反差”。天堂里的性行为，是，“当男女双方 59
的性器官在合适的时间，被意志唤醒并达到某个必要的程度时，男人就会播撒自己的种子，女人就会受孕”。因“一种本能的冲动”，夏娃会打开子宫准备受孕；时机成熟后，子宫又会再次打开进行分娩。因为亚当和夏娃的肉身本是同源的，他们的意志与欲望是一致的，所以不会有性欲产生。不会有暴力、肉体的撕裂、性交或分娩的痛苦。在对上帝指令的服从下，灵魂与肉身合为一体，不会有裸露的羞耻、身体的嫌恶、灵魂的懊悔。天堂里，只有两个由同一具肉身造就的造物，在无声中意志相合。没有性别隔阂，没有男女差异。所有这一切都来自一个没有饥渴、没有疲顿、没有病痛和死亡的世界，一个沐浴上帝之爱而永恒闪耀的世界。

失乐园的这段记述是我们传统中对超然存在的首次设想。和西方文化发端之时一样，这些来自《创世记》的章节可以让我们窥见自身：我们从未屈从或安于现状。与其他物种不同，我们所渴求和需要的已经突破了自身现有的极限。我们想要超越的，正是当下的自己。这就是在我们的文化发端之时瞥见天堂的意义。被逐出天堂后，我们行至于此，这是事实，但也是困扰，是我们难以承受的命运：

> 因为情欲和圣灵相争，圣灵和情欲相争：这两个是彼此

相敌，使你们不能作所愿意作的。(《加拉太书》，5.17）

我们的意志与欲望是对立的。意志欲行益事，行动投下荫翳。

60 这种意志与欲望、圣灵与情欲的对抗是奥古斯丁自身重大转变的关键。在他位于米兰城外的小屋的花园里，蜕变发生了，他充分体验到了无法凭意志践行信仰的痛苦：

> 我搔头，敲额，抱膝，这些动作是因为我要，才做出来……但另一方面，我又不做那些我以为热烈的意愿所想望的事。[1]

为什么上帝会以这样一种他觉得合适的方式来分离人的意志与欲望，从那时起，奥古斯丁就在追寻这个答案。似乎意志本身就存在分裂，本性意志想要行善，反叛意志选择邪恶。这就是奥古斯丁说的笼罩亚当世代子孙的“深重阴影”。《创世记》的章节展示的就是这个阴影的首次出现。

现在，我们可以开始理解为什么奥古斯丁要如此深入地思考天堂的性了。他从自身婚姻经历中发现，对尘世之人而言，没有什么比性快感带来的忘我境界更有价值。理智卸下防备；身体使灵魂充盈，并且有那么一瞬间，自我的分裂、自我与他人的分裂都被消解。[2] 如果尘

① 参见奥古斯丁的《忏悔录》(*Confessions*, London：Penguin，1961），Book Ⅷ, ch.8。——原注
本书《忏悔录》译文出自周士良译本，后不再一一标出。——编者注

② 参见《忏悔录》，Ⅷ，9；《上帝之城》，XIV，16。

世生活中人类的隔阂曾被消解，那就是在性满足中。这一瞬间的幸福虽然在慢慢减弱，但是我们曾经毫不费力就可获得这种幸福，现在却只有信仰神秘恩典（Grace）才能再次拥有，因此对一个身为基督徒的哲学家来说，揭示这一切至关重要。换言之，他试图将人与人间的隔阂追溯至其庇护之地。尘世之城的人们认为他们早就在那消灭了这种疏离感。

奥古斯丁坚持认为，我们的内部分裂在性欲的“病态”中也有所体现。有时候，性冲动强行对我们并不情愿的意志发号施令；有时候，61
它们又会终止意志，不可思议地拒绝它的召唤：“欲望在头脑中沸腾，却在身体里冷却。”奥古斯丁在书中写道，叛逆的情欲，正是上帝对人类在伊甸园中的叛逆做出的惩罚。不是朽坏的情欲让灵魂蒙罪；而是罪恶的灵魂让情欲朽坏。[1]我们想要了解善与恶，所以此后我们注定只能看到自身肉体的罪恶：会为裸露感到羞耻，会去寻找遮蔽，并将善视为意志抵抗本能欲望的不懈抗争。异教崇拜的斯多葛学派称赞这种抗争为人类认识自身潜力的一个途径，但是基督教知道这种抗争的本质就决定了它是个悲剧。如斯多葛学派预示的，这种生活绝不会有**无欲心境**（apatheia）的平和状态，这种心境超越了渴望与斗争。斯多葛派信徒的自制力只是“强迫和抗争”，而非其他，这是一种并不健康的自责状态。[2]

奥古斯丁认为，上帝将圣子赐予世人，由他来承受一切因意志与欲望疏离而产生的诱惑，这是上帝同情的显现。当耶稣在沙漠中斋

① 参见《上帝之城》，XIV，3。
② 参见《上帝之城》，XIV，19。

戒40个日夜，恶魔前来嘲笑他："如果你是圣子，那就命令这些石头变成面包。"耶稣的回答成为基督教人论中有关人性的基础："经上记着说：'人活着，不是单靠食物，乃是靠神口里所出的一切话。'"(《马太福音》，4.4）他告诉前来听他布道的饥饿穷人们，上帝知道他们需要吃的、喝的和穿的：他们要先求他的国和他的义，这些东西都要加给他们了(《马太福音》，6.33)。对基督徒而言，人类并非如渴望食物那样生来"饥渴慕义"(《马太福音》，5.6)，这就是需要的悲剧。生
62 活告诉了奥古斯丁这个苦涩的真相。离开尘土飞扬的小镇塔加斯特城（Thagaste）后，他来到非洲第一城市迦太基（Carthage）学习雄辩术、发展事业。描述自己年轻时的求学生活，他曾这样说道：

> 我心灵因为缺乏滋养的粮食，缺乏你、我的天主而饥渴，但我并不感觉这种饥渴，并不企求不朽的粮食；相反，我越缺乏这粮食，对此越感到无味。这正是我们的心灵患着病。①

因此当基督徒谈论对上帝的渴望时，他们表达的是希望在所有的自身存在中明确感受到上帝，就像他们对身体渴望的感知。根据对善与恶的判定，我们对自身的意志也进行了判定，但我们永远无法断言，自己做的判断是正确的。这就是人类堕落之后面临的困境。那么要如何运用这种上天赋予我们的自由呢？换言之，我们要怎么确定自己想要的就是自己需要的？

彼得·布朗（Peter Brown）为圣奥古斯丁撰写的传记无与伦比，该

① 参见《忏悔录》，Ⅲ，1。

书使人们开始关注奥古斯丁对自由的两种分类：做出选择的自由，及知晓选择正确后获得的自由。[①]奥古斯丁相信，第一种自由，即我们做出选择的自由是还未获救赎的人性的本质。跟斯多葛学派一样，他认为人类获得自由的能力体现在我们的意志能够在需要与欲望中抉择、能以善良和理性的诉求抵挡激情的索求。奥古斯丁和斯多葛学派都认为，需要属于判断与意志的范畴，而非偏好和冲动。它还带有明显的个人主义倾向：个人判断的标准被用于抵挡他人的欲望之潮。奥古斯丁应该会同意塞涅卡所说的“天性欲求极少，而对需求的评议无度”，以及伊壁鸠鲁的“若遵循天性来塑造生活，你决不会贫穷；若依照他人观念，则无望富有”。[②]

然而奥古斯丁坚持认为未获救赎的理智无法判断自己的选择是否 63
正确或是否出于本能，这与斯多葛学派的观点不同。第二种自由只能源于上帝恩宠。《约翰福音》由使徒约翰创作于生命的最后阶段，奥古斯丁对其进行布道时，谈论了第二种自由。他视其为灵魂对恩典显现与敬虔生活必要性的一种确定状态，就像身体可以明确感知到极度愉悦的到来。但是他也质疑有谁可以听懂他所说为何：

---

① 参见彼得·布朗，《希波的奥古斯丁》（*Augustine of Hippo: a Biography*, London：Faber and Faber，1967），p.374。我对此书及作者其他作品的感激无须赘言。另参见他的《圣徒崇拜在拉丁基督教中的兴起与作用》（*The Cult of the Saints: Its Rise and Function in Latin Christianity*, London：SCM Press，1981）；及《圣奥古斯丁时代的宗教与社会》（*Religion and Society in the Age of Saint Augustine*, London：Faber and Faber，1972）。

② 参见塞涅卡（Lucius Annaeus Seneca），《斯多葛哲人的来信》（*Letters from a Stoic*, London：Penguin，1969），p.65；安东尼·A. 朗（Anthony A.Long），《希腊哲学——斯多葛学派、伊壁鸠鲁学派、怀疑论者》（*Hellenistic Philosophy: Stoics,Epicureans,Sceptics*, London：Duckworth，1974），pp.174–175；帕特里夏·斯普林伯格《人类需要与文明批判》，pp.19–21。奥古斯丁教义有关意志的部分，另参见奥古斯丁，《论意志的自由选择》（*On Free Choice of the Will*, Indianapolis：Bobbs Merrill，1964）。

> 赐我一个沉浸于爱的人；他能知我意。赐我一个渴望之人；赐我一个饥饿之人；赐我一个远在沙漠、为永恒国度的甘泉悲叹之人。赐我这样的人；他能知我意。但是若与冷漠之人交谈，对我所言他只会一无所知。[①]

在基督教对现代美好社会典范的描写中，此为一处。奥古斯丁的自由中唯一引起现代人关注的是第一种自由：选择的自由。似乎我们已经忽略了第二自由：因知晓自身选择正确而拥有的行动自由。出于私人的、政治的目的，我们已经设法扩大了选择范围，并一直假定在可自由选择时，人们知道该如何选择。我们认为自由是外部约束的问题：给每个人足够的收入与充分的权利，那么他们就能按照自己的选择自由行动。但如果情况如奥古斯丁所坚信的那般呢？即除非人们在做出选择后就能确定它是正确的，否则自由就成了一种有瑕疵的善行。如果我们一直无法确定自己所选是否正确，那自由还有何意义和幸福可言？在奥古斯丁的论述中，这神圣的确定性是上帝的恩赐。如果未获救赎的人要在需要和欲望之间做出选择，那么这种选择必然是盲目的、临时的、会被自责与犹豫所困扰的。

64 既然现代的政治理性不是以上帝恩宠的假想为开端，那我们要如何想象出一个纯粹的人类的办法，来解决这第二种，也是最为宝贵的一种自由的问题？我们要怎样才能创造一个世界，其大部分的人民不仅可以自由选择，还将知道如何选择？只有当个体知道他们正确行使

① 引自彼得·布朗，《希波的奥古斯丁》，pp.374–375。

了自己的自由，自由与幸福才有可能同时实现。哪个社会可能承载这种上帝的恩宠？仅仅是上述几个疑问，就能说明要实现一个个体兼有自由与幸福的社会，是多么令人气馁与不切实际的幻想。

西方的政治想象总想创造这样一种社会模式，个体要与其同胞兄弟紧密相连，这样一来，他个人的选择就能正确地协调私人与公众的利益，协调自己与他人的诉求，最终确保选择本身正确无误。这场醒不了的梦就是莫尔、卢梭和马克思的乌托邦：他们都认为只有个人选择始终基于友爱而生，自由与幸福才可兼得。但如果选择总是被兄弟、公民和同志的集体智慧左右，那么自由从何谈起？

奥古斯丁认为人类世界中，不仅是第一种自由，而是所有的一切都不可能因一纸社会协定而得到保障，如果失去了与幸福的必要联结，自由与确定性渐行渐远的话，那这种自由是孤独的自由。个体必须选择，又无法确定自己所选是否明智。他们渴求第二种自由，以及确定性带来的幸福；他们想要一个乌托邦来把他们从要独自一人做出选择的烦恼中解救出来。逃避第一种自由而选择承诺第二种自由的乌托邦，一个转身又陷入了专制主义。想要摆脱个人抉择的孤独，就要拥抱镣铐做个快乐的奴隶。只有确信世上存在无法满足的需要与渴望，心灵才能抗拒这个选项及其诱惑：换言之，上帝的恩宠在世俗世界并无化身。

圣保罗、奥古斯丁，还有他们对堕落之后人类自由意义的思 65
考，开启了众多献身的路径。而我选择跟随其中一条路径到达中世纪或更早的时期。留意下本书封面的油画。这是佛兰德（Flemish）画家希罗尼穆斯·博斯（Hieronymus Bosch）的作品《干草车》（*Haywain*），15世纪90年代创作于布拉班特省斯海尔托亨博斯市（Hertogenbosch in Brabant）的一个天主教小镇。西班牙人在占领尼德兰

《干草车》，希罗尼穆斯·博斯绘

（Netherlands）期间夺取了这幅油画，到了 16 世纪，这幅画出现在菲利普二世（Philip Ⅱ）的埃斯科里亚尔（Escorial）修道院，悬挂在灰暗的墙面上。从那以后，它就一直留在西班牙，现保存于马德里的普拉多（Prado）博物馆。

《干草车》是一幅三联画[①]的中间幅，左翼画面描绘了人类罪恶的起源，诱惑和“逐出伊甸园”，右翼画面则是罪恶的下场，永生永世罚入地狱的惨烈。因此，中间幅可以被解读为对人类浮夸希求的讽喻，戏剧化地表达了主题：基督徒的人生就是一场朝圣之旅。人群里各种

① 三联画起源于中世纪祭坛画，一般中间幅尺寸较大，凸显主题，两侧较为次要。——编者注

各样、不同境遇的人们，从乞丐到皇帝，从贫穷的牧师到教皇本人，他们盲目追随的并不是十字架或者什么圣物，而是一辆塞满干草的车子。类似于那些中世纪宗教节日和神圣游行，这个画面里充斥着肉体的贪婪：彼此撕扯的身体，努力抓取干草的双手，行进而过的大车轮下倒地的身影，抄起拐杖互殴的一对乞丐，还有一个流氓拿刀刺向男人的喉咙。除了画面下方的肥胖的修道院院长，似乎没人抓到干草；他得意扬扬地在一旁观看，修女们把抢来的东西装进他的袋子里。一群怪物拉着干草车往地狱前进，他们的身体上长着鱼、爬虫和狐狸的脑袋；而对这正在发生的一切，马背上的权贵和疯狂的人群毫无意识。

那个年代的荷兰农民应该轻易就可以发现这里面的讽喻，它的主 66
题就是那句农民谚语“世界是个干草堆，人人拿走自己能拿的”。用农民的话说，就是人在自欺欺人时，他就像是在紧抓干草，也就是说，这个人是个“干草脑袋”的傻瓜。[1] 这就是解读本画含义的第一个文本：它以讽刺的手法描述了那些投身无望争抢中的农民。

所以学者告诉我们，先知以赛亚目露忧伤，出现在骑马者下方的人群中，这已经预示了解读这一讽喻的第二个文本。“凡有血气的尽都如草，草必枯干，惟有我们神的话必永远立定！”(《以赛亚书》，40.6-40.8)

先知告诫经过的众人，但他眼中的忧伤告诉我们，他清楚自己的的话无人理会。画中只有一个人按他的叮嘱竭力行动。画面中心的可怜神父努力要拉开两个打架的人，他们如此专注于伤害对方，以至于他们好像根本没有意识到干草车的车轮即将碾过。

---

① 参见 R. L. 德莱沃（R. L. Delevoy），《博斯传》(*Bosch*，Cleveland：Slira，1960)。

从可怜的教区神父和目露忧伤的先知这两个形象里，我们可以首次一窥画家在作品中提出的不可思议的道德立场。众所周知，博斯是圣母兄弟会（the Brotherhood of Our Lady）的著名成员，这个团体的成员是他家乡虔诚富有的信众。他最难以理解的那些作品，有些就是受该团体委托而作，以表达其核心信念。在宗教改革运动（Reformation）的一个世纪之前，这些兄弟会在北欧的城镇里随处可见，面对教会的世俗化与腐败，他们试图按照修道士的标准，对俗众的虔诚生活进行改革。因此无怪乎画家似乎已经把所有敬虔的愤怒都集中发泄在画面右下方那位胖主教身上了。[①]

67 托马斯·厄·肯培（Thomas à Kempis）的《效法基督》(*Imitation of Christ*）创作于 15 世纪 20 年代的荷兰修道院，是给这些兄弟会带来灵感的重要文本。它劝告信徒们，“要永做地上的陌生人和朝圣者，于他们，世间之事微不足道”。[②] 理想的基督徒朝圣之旅中，需要是一个判断标准，用以排除欲望，排除那些疏离于尘世之物的意志，这对朝圣者实现神圣目标而言至关重要。然而，需要与欲望的界线微妙且易被逾越，圣奥古斯丁自己不就承认过：在苦刑戒律中，“主啊，哪一人能丝毫不越出需要的界限”？[③]

虔诚的信众们应如何明确需要的界线呢？他该以那些禁欲英雄为楷模吗？像是圣安东尼（Saint Anthony）这样的埃及隐士，他无视需要到了自虐的极端程度。虽然安东尼是博斯的主保圣人，但对于一个生

① 参见沃尔特·S. 吉普森（Walter S. Gibson),《希罗尼穆斯·博斯》(*Hieronymus Bosch*, London：Thames and Hudson，1973），p.16。
② 参见托马斯·厄·肯培，《效法基督》(London：Penguin，1980)。
③ 参见《忏悔录》, X，31。

活在北欧繁荣城镇、身处现代世界中的人而言，安东尼的生活方式怎么可能成为标准呢？从奥古斯丁自己开始，教会当局就已经对禁欲主义的可怕志趣进行了谴责。在安东尼与俗世诱惑的两种生活道路之间，肯培和其他作家提出的**现代虔诚**（devotio moderna）运动已经为博斯兄弟会的虔诚信徒们提供了一条**折中路线**（via media），这种生活规则既符合古时优先考虑的“先求他的国和义”，也适应那些热爱妻子和家庭，适度爱护自己财产的人的要求。然而，与世间之物和平共处并不容易。肯培对此的表态可以说是沮丧的，如果人们能摆脱对吃喝、休养的需求，那么他们就可以不断地颂扬上帝；“灵魂的精神盛宴”使他们饱足。他甚至提倡人应该抛却自己内心的呼唤。

如果以肯培那种虔诚信徒的视角，再次观察《干草车》，我们会发现连它的色彩都饱含愤怒，愤怒于无知误将虚饰的欲望当成真实的需 *68*
要，愤怒于暴食与贪婪将人变成豺狼。博斯痛斥的不仅是干草象征的物质实在，还有虚幻的爱。干草车车顶上坐着一对体面的伴侣，男的弹奏着鲁特琴，他的情人聆听着琴声，还有左侧魔鬼吹奏的音乐。与身后灌木丛中那对明显散发着淫欲气息的伴侣比起来，他们显然更加庄重，但这两对伴侣都没能逃脱博斯的批判。

目前为止，这幅油画可以被解读为针对愚行的图式宣道，这也是上帝选民所认可的。但是还有另一个人物使它的道德寓意更为玄妙、更富张力。在神父和国王、撕扯成团的富人与穷人上方，我们可以发现一个很小的身影站立在云间。他在构图中如此不起眼，这并非偶然：画面中充斥的愚行弱化了他的存在，庞大队伍的对照使他显得渺小。他只是看着这一切，伸展的双手仿佛透露着祈求与遗憾。下方的人全都无视了他。

这就是在画作鲜亮表面下的第三个解读文本：上帝无声的审判。因为这个小小的身影，因为我们意识到这群道德败坏之人所经过的，是一个泛着上帝恩典的安详金光的世界，所以农民的讽刺智慧、以赛亚的警告和虔诚信众的愤怒评判都变得神秘了。

如果现在博斯的意图没有在岁月中被遗忘，或者至少没有被他深奥的寓意密码所隐藏，我们也许可以自信地说，它既表现了人类希求的浮夸，也反映了人类自由意志的奥秘。那个小小的身影的存在也许就是要告诉我们，我们自己决定了自己的愚行，被驱逐出乐园并在不经意间走向地狱——发生的这一切都要我们自己负责。如果是这样，如果这幅画作是一个博学之人对奥古斯丁有关基督教意志学说的思考，
69 那我们仍旧不知晓博斯对这最为晦涩的奥秘的态度。我们也许会假定，一个虔诚的中世纪信徒不会如我们一般不懂如何解读这份玄妙。

即便无法证明，但他的画中还是有一些东西可以让我们去推测信仰与怀疑同样指引着他的灵感，或者是信仰对怀疑的思考激发了他的灵感。比如我们可以细想一下博斯创作的三联画左右两翼的画面，当三联画合拢时，这两个画面会组合成一幅完整的画作。跟《干草车》一样，这幅画探讨了朝圣之旅的意义，还被用以表现那个逃离了地狱场景的敬虔之人。

敬虔之人以衣衫褴褛、神态疲乏的背包小贩形象出现；站在残破的桥前，循着自己前来的曲折路线，他焦虑地回望。露出尖细白牙的野狗正在追咬他，这位疲劳的旅人用棍棒加以阻止。他同时受困于四面的危险与诱惑。他身后的田地里，另一个旅人正遭到盗贼攻击，他们将他绑在树上，从包里抢东西。好撒玛利亚人的故事清楚地训谕旅人，让他出面阻止恶行，但他犹豫、害怕又困惑。在他的左前方，有

个农民用风笛吹出诱人的曲子，一个劳动妇女正与拿着镰刀的割草人淫猥起舞。他再次徘徊不定，享乐与前方的信徒之路将他撕裂。这种对基督教正义之路上的考验的描绘让人望而生畏，然而更绝望的是，画家没有画出旅人为自己做了何种选择。

十年后，博斯在另一幅作品中再次塑造了这个人物，这次他展示了旅人选择的场景。这是一家破旧的旅店，一个女用人站在门口，臣服于另一个旅人粗莽的注视，与此同时，另一个女人在窗口诱惑地凝
视着旅人。铰链上耷拉着窗板；楼上的窗台边放着内衣；院子里，母 70
猪哼哧进食，一只公鸡叉开脚站在粪堆上，喝醉的人踉跄着对墙解手。前方，北海岸荒凉的沙丘绵延着。在未知的朝圣之路和旅店显而易见的享受间，他站在了一个交叉路口上。

肯培建议他的读者要忘却肉身，但他自己也承认，不论是多么严谨或虔诚的人，他至今都没发现能有人“未曾在某些时候体会过恩典的消失和忠诚的减弱”。他坚定地表示，欲望从未完全死去。博斯的旅人可以被理解为是朝圣之旅中严峻的困境的一种象征，就跟《效法基督》中对它们的描述一样，亦有可能博斯自己对它们早有理解。有些学者主张，旅人其实代表了画家本人，比如我们还可以在他描绘圣徒的诱惑的画作中，找到类似的谦卑教徒的忧虑面容；那幅画中，教徒正背着受伤的圣安东尼。[①] 第二幅描绘旅人的画作似乎还透露着一种带有自传色彩的对上帝的亵渎：这个又像旅馆又像妓院的破地方，在门上挂了一个招牌，上面画着的天鹅是博斯兄弟会的神圣象征，也是他

① 参见卡尔·林费特（Carl Linfert），《希罗尼穆斯·博斯：画作》（*Hieronymus Bosch: The Paintings*, London：Phaidon Press, 1959），p.23。

们设宴时的仪式性菜肴。如果这是个人有意的戏谑，那就再次表明了博斯的作品能大胆融入个人因素，来同时表达亵渎和信仰。

旅人画作未呈现的内容也揭示了这种融合里的不安与苦闷。这两幅画里都没有俯瞰众生的上帝。如果旅人将目光投向天空来寻找指引，除了发现猫头鹰在树梢上目不转睛，他将别无所获。在中世纪图腾中，猫头鹰象征着异端与宗教迷惑。它无神的凝视里蕴藏着博斯不可知的个人信仰的秘密。

71 一些学者也提出除了需要严格遵守剃度制度外，博斯的兄弟会其实是推崇人类（Adamite）自由性爱的教派。博斯最为出色的作品《人间乐园》(*the Garden of Earthly Delights*)，可以解读为一部神秘的《爱经》(*ars amandi*)，它是对人类重返天堂后可以享受到的圣洁的肉体欢愉的憧憬。[①] 无疑，乐园本身和圣奥古斯丁对它的描述一直影响着教徒们的想象，同时与奥古斯丁的冥想和《创世记》章节里描述的一样，博斯的人间乐园正是人类灵与肉、意志与欲望实现和谐的一个典型。问题是博斯真的相信这是我们现世可以重回的天堂吗？

在《爱经》中一位大师的引导下，中世纪的一些秘密的教派想通过自由性爱的仪式到达灵魂的极乐巅峰。我们无从得知博斯是否为他们中的一员，但这并不是关键。不知尘世欲望之痛，就无法画出《人

---

① 参见威廉·弗朗格（Wilhelm Franger),《希罗尼穆斯·博斯的黄金时代》(*The Millennium of Hieronymus Bosch*, London:Faber and Faber, 1952);另参见约翰·罗兰兹（John Rowlands),《人间乐园》(*The Garden of Earthly Delights*, Oxford:Phaidon, 1979);P. S. 比格尔（P. S. Beagle),《人间乐园》(*The Garden of Earthly Delights*, London : Secker and Warburg, 1982)。

间乐园》里，赤身无邪的情人们大啖硕大草莓的场景。未曾深入想象过《创世记》中天堂的场景，就无法描绘出那些被水晶球保护在安宁和平中的情人们。博斯的作品自然是他的个人专属，甚至可能是中世纪布拉班特小镇教派种种神秘的独特产物，但是它最根本的起源是基督徒的原始渴望，渴望突破愧疚与羞耻的边界，实现灵与肉、自我与他人的和谐。

博斯的画作捕捉了这种渴望的悲剧内涵。当时主张的是，只有通过今生的苦行去实现来世的灵肉合一，这样的人生才有意义；但是在这个主张面前，现世欢愉强大的说服力是最让人痛苦的质疑。上帝（Providence）为何要让人经历如此残酷的修行，博斯的画作
就是对他的探究。如果生活是场朝圣之旅，我们就像那个旅人，既 72
不能在小客栈逗留，也不应储备太多，否则我们将难以背负；但为什么草莓如此甘甜，窗口微笑女人的引诱拥有如此可怕的力量？还有，为什么上帝在云端沉默，在我们选择自由时，除了树梢猫头鹰的凝视，不做更多指引。诸如此类的问题，由人类理智创造的上帝无法解答。

博斯思考的核心，正是基督教所有形而上学的本质问题：未获救赎的人性的自然渴望中，是否有精神需求的身影？关于这个问题的观点总是两极分化——伯拉纠派（Pelagian）和奥古斯丁派。伯拉纠是4世纪末期生活在罗马的不列颠人，他的异端学说坚持人性天生就具备了自我救赎的能力，并能以自身意志的行动，无愧救恩与圣宠，而人类的恶是习性与历史的沉积，虔诚的人可通过苦行净化罪恶。从奥古斯丁的角度来看，伯拉纠的异端思想以亵渎神明的方式颂扬了人类意志与理智具备的能力。奥古斯丁视圣保罗为权威，他坚持人类因

堕落而丧失了自我救赎的能力。并非对上帝的天然倾向，而是自身的精神煎熬让奥古斯丁相信，作为人与生俱来的天性，人的需要是其自身堕落的主要表现。将宗教倾向内化为人类固有的需要，意味着要破坏对上帝的完全服从；这会鼓动有罪之人将恩宠视为权利，并不再服从于上帝的神秘意志。[1]

在仅将人类的恶视作习性沉积的学说和认为人类无法自我救赎的宿命思想之间，中世纪托马斯主义者（Thomist）的观点试图探索一条巧妙的中间路线。阿奎那承认人的欲望在堕落中受到“伤害”，并放弃了乐园中他们曾有的对良善的天然倾向。然而作为“欲望的力量天生
73 受控于理智”[2]的生物，在这一层面上，人类仍是独一无二的。按照敬虔生命的要求，让理性来掌控欲望，这样人们便可以力求达到其自然渴望的善。他认为人类在寻求一种人类生活本身无法实现的善：这种善可以治愈生活中最根本的苦痛，将灵与肉区分开来。这种和谐正是我们这个物种的毕生所求：

> 除非自然欲望可以彻底达成，不然就不会有真正的满足。万物都渴望自身本性所属之物，因此他们希望重聚自身的各个部分。既然人类的灵魂生来就是与肉体相互联结的，那么

---

① 对伯拉纠异端思想研究，参见彼得 · 布朗，《圣奥古斯丁时代的宗教与社会》，pp.195–199；A. H. T. 莱维（A. H. T. Levi）为企鹅出版社版本的伊拉斯谟（Erasmus）的《愚人颂》（*Praise of Folly*，London：Penguin，1971）所做的序言，对伯拉纠主义与奥古斯丁主义关于恩泽、意志、劳动的争论在中世纪与近代的延续，做了非常有益的论述，特别是在 pp.18–22。

② 参见圣托马斯 · 阿奎那（Saint Thomas Aquinas），《神学大全》（*Summa Theologica*），Ⅰ^{e}–Ⅱ^{ae}Q.82，Art.3；参见《自然与恩典——神学大全选萃》（*Nature and Grace: Selections from the Summa Theologica*，London：Library of Christian Classics），vol. XI，1954。

内在就有一种自然的渴求，渴求这一联结。直到灵魂与身体再次结合，意志才能寻得完美的平和。这是人类从死亡中的复生。[①]

于奥古斯丁，这一微妙的学术尝试——把对人类完满的渴望内化为人类欲望的内在目标——对人类的恶做出了很大的妥协。人类只有战胜了自己的浮躁本质，并将自己彻底交付给造物主，才能具备渴望的能力。如此一来，人类有望沉浸于命运与确定性的幸福中，超越精神空虚的隐喻所描述的理智与意志。只有在蒙恩状态下，他们才有可能了解超越需求的真正幸福。

这种圆满只有在满足生理需要的贫乏语言中才会出现，因为就像吃喝一样，一个人能明确感知自己是否满足。但是不同于生理需要必须通过语言被感知和了解，它是无法言喻的。先知早就说过，“上帝为爱他之人所预备的东西，人们未曾看到、听到和想到”。

鹿特丹的伊拉斯谟（Erasmus of Rotterdam），与博斯同处一个时代，并同他一样成长在虔诚信众组成的教会团体中，15 世纪 80 年代，这些团体在斯海尔托亨博斯等其他现代虔诚运动的中心地区都有分布，他的《愚人颂》以唤起基督教的狂喜之境作为结尾。他写道，这是一种愉悦的状态，如此强烈，从而“胜过了一切肉体享乐，即使这些快乐汇聚无边，也是亦然”。他表示，感受过这种力量的人，在无相同体 74
验人的眼中，会显得失常：

① 参见阿奎那《神学大全》，Ⅰ^{a}– Ⅱ^{ae}，Q.4；参见文集《哲学文本》（*Philosophical Texts*，London：Oxford University Press，1962）。

他们说起话来前言不搭后语，怪里怪气，他们粗声粗气，脸上的表情会突然发生变化。他们一下子兴奋激动，一下子又垂头丧气。他们时而哭泣，时而欢笑、叹气。实际上，确是感情失去控制。接着，当他们的神志恢复过来时，他们说自己不知道身处何地，是处于肉体之内还是肉体之外，是清醒还是入睡。他们无法记起他们听到过、见到过或说过、做过的事，记得的只是自己如在雾中，仿佛做了一场梦。他们只知道，这么一来，在神志不清之时最感幸福。他们悲叹自己又神志清醒过来，因为他们倾全力以求的无非就是永远过着此种狂人的生活。这只是未来幸福的丁点儿滋味。①

圣徒保罗写道，“然而，属血气的人不领会神圣灵的事，反倒以为愚拙，并且不能知道，因为这些事惟有属灵的人才能看透”(《哥林多前书》, 2.14)。保罗这段谴责中，既有理智者的理性上帝，也有人类神学中的上帝，后者的奉献与正义，被人类用其可怜的谋虑能力来计算和说明，同样地，人类还精确统计了自然人能获得的快乐。对基督徒狂喜之境的描述源自圣保罗，这些描述坚称用“自然人”这一概念来描述人类自身的异化，显然不够充分。要如何克服“自然”天性中的异化，对此我们的确毫无概念。我们必须沉浸在达成基督教式圆满的那种盲目狂喜中，这样才会对天堂有所了解；曾经我们发自内心地热爱

① 见德西德里乌斯·伊拉斯谟，《愚人颂与致马丁·多普的信》(*Praise of Folly and Letter to Martin Dorp*, London: Penguin, 1971), pp.207–208；参见 M. A. 斯克里奇 (M. A. Screech)《狂喜之境与愚人颂》(*Ecstasy and the Praise of Folly*, London : Duckworth, 1980)。

那里。打破悲惨现状的桎梏，博斯的乐园就在向我们招手。

因此在奥古斯丁的论述中，是由激情带来的肉体的确信使人获得了恩典的确定性，而非理智。作为 17 世纪最为出色和命运多舛的奥古斯丁主义者，布莱兹·帕斯卡尔（Blaise Pascal）曾在某一刻获得过这种宗教确定性，它并不是以笛卡尔的论证或数学三段论式的理性验证过的语言出现的，尽管人们曾想象过上帝会在和微积分的某个发明者 75
谈话时，使用这样的语言；它是以火的语言出现的，火如欲望一般炽烈灼烧着他的感官。那张被他缝入长袍、随身携带直至逝世的羊皮纸上这样写道："在 1654 年这个恩典之年的 11 月 23 日，星期一，大概从晚上十点半直到午夜过半"，他为神之火而着迷。那个出现并调动他身体所有确定性的上帝，不是"哲学家与学者的上帝"，而是亚伯拉罕、以撒和雅各的上帝，不是理性论证的上帝，而是古老朴素信念的上帝。①

但如果只有在上帝与人类灵魂直率地交谈如饥饿对身体发声、如火舌舔舐肌肤时，人类才能确定地感知上帝的话，那为什么几乎没人能在有生之年看到我们自己的深夜之火呢？理性的头脑可能会假设，如果上帝能使信念响亮而清晰地与灵魂交流，就如饥饿对身体的表达，

① 参见布莱兹·帕斯卡尔，《思想录》（*Pensées*, London：Penguin，1966），p.309；另参见阿尔班·克瑞斯海默（Alban Krailsheimer），《帕斯卡尔》（*Pascal*, Oxford：Oxford University Press，1980）；吕西安·戈德曼（Lucien Goldman），《隐藏的上帝：悲剧观研究之帕斯卡尔〈思想录〉及拉辛悲剧》（*The Hidden God: A Study of Tragic Vision in the Pensées of Pascal and the Tragedies of Racine*, London：Routledge and Kegan Paul，1964），p.170。关于帕斯卡尔的政治观点，参见 N. O. 基奥恩（N. O. Keohane），《哲学与法国政府：从文艺复兴到启蒙运动》（*Philosophy and the State in France: the Renaissance to the Enlightenment*, Princeton：Princeton University Press，1980）；理智者上帝与神秘主义者上帝的区别参见莱谢克·柯拉柯夫斯基（Leszek Kolakowski），《宗教》（*Religion*, Glasgow：Fontana，1982），chs. 2–3。

那么他就能使信徒永远与自己紧密联系。但显然他没有这么做，对帕斯卡尔这样的詹森教派信徒（Jansenist）而言，这是一个痛苦的秘密。[1]

帕斯卡尔与博斯都有着奥古斯丁式的感知力，但令其震惊的是，对于他们渴望获得的存在主义和形而上学的确定性，周围的普通人似乎并无明确需要。带着些许惊恐，他们看着自己的同胞互相推搡，跟随干草车，浑然不觉前方就是地狱。很多人为了满足普通的物质需要，付出了自己的生命，而这些人分明有能力进行自我确证（self-validation），这一事实令人费解。要把上帝为人类设置的一系列终极目标合理化是非常痛苦的，与此相比，最简单的快乐更能保障真实的生存价值。对奥古斯丁主义者而言，生活的恐怖在于它是如此莫名的漫长。那死亡呢？帕斯卡尔评论说，一个人，为了可能失去的小小头衔，可以在暴怒与绝望中度过多个昼夜，却几乎从不去思考自己最终消亡
76 的未来。追逐需要的人生是上升的螺旋，推动它上升的并非意志明确或者深思熟虑后的目标，而是一种合理性，即每个瞬间都希冀自己并非结局，下一刻仍将到来。令基督徒失望的是这个螺旋赢得了大部分人的支持。如帕斯卡尔所言，它在人的身上施了一个“不可思议的魔法”，使他们面对死亡时有了一种“不可思议的麻木”。他们就像那些已被定罪的囚犯，在即将执行死刑时，狼吞虎咽地吃完最后一餐，贪婪的样子让刽子手震惊。[2]

---

① 詹森主义与奥古斯丁主义的联系参见安东尼·莱维（Anthony Levi），《法国道德主义者：激情理论》（*French Moralists: The Theory of the Passions*，Oxford：Clarendon Press，1964）；帕斯卡尔的信念与理智参见 L. 柯拉柯夫斯基的《宗教》，pp.204–206；A. 克瑞斯海默，《帕斯卡尔》各处。

② 参见帕斯卡尔，《思想录》，pp.155–164。

奥古斯丁主义者认为，冷漠地对待死亡是未获救赎的人类本性的丑态，而一直笼罩在世俗抗争上的死亡阴影，被他们视为正义的属灵的前提。这种恐惧对圣宠的恩赐而言是最为必要的：有了畏惧，才会渴望获得超越我们肉体所知的极乐。

作为见证真相的时刻，死亡的时刻与需要间存在双重关系：这是我们的“需求时刻”，是我们最依赖男女同胞安慰的时刻；也是对他们做出最后请求、考验他们忠诚甚至揭露他们背叛的时刻。“我危难之时，你们身在何处?”这是来自往生者的责备。

如果说在世俗观念中，人生的需要是上升的螺旋，他们主张，即使没有精神慰藉，人也可以继续生活，那么按照奥古斯丁的论述，死亡就是可以反驳这一主张的真相。作为世俗人类，我们也许会提出，从原则上来说，有关生命尽头的终极问题是无法解答的，所以这些问题与我们并不相关，但现实是我们每个人都会面临我们的“需求时刻”。不论螺旋之上的生活有多盲目，总会有一个时刻，一切全都停止。届时我们又会怎么说，又会需要什么呢?

如果跳出这些基督教神秘派、画家和圣徒的范畴，问问我们自己在死亡边缘时需要什么——即我们的精神需要——其个性化的答案，将令人印象深刻。怎样才算好的死亡，面对这个问题，我们不再看法一致。包括那些被我们的理智与技术征服的原始文化在内，其他大部分的文化是用生与死的艺术来凝聚成员的。不过现在我们已经将这些 *77*
令人敬畏的文化任务变成了私人选择。面对死亡时，我们中的有些人念起了玫瑰经，有些人满嘴咒骂；有些人结伴而行，有些人独自一人。有些人无畏赴死，留以生者勇气；也有人死时孤身一人，无人见证。我们中的有些人需要宇宙学，在其中我们能够看见火花，那就是我们的生命；有些人在走向死亡时，只需他人的凝视作为分别时刻的安慰即可。

如果奥古斯丁和博斯、帕斯卡尔和伊拉斯谟能够看到现在的我们，他们不会惊讶，但会沮丧。对精神需要全无意识的世界，正是原罪思想致力于阐释的一种可能性。此外，如奥古斯丁、帕斯卡尔和博斯所深刻认识到的，宗教的重大威胁并非科学，也不是积极的无信仰宣言，而是尘世需求作为普通生活中的形而上学，已悄无声息地充斥各处。在肉体的欲望与需要中，人类可以找到他生活的所有理由。

在现代词汇中，“渴望”一词与过去有所不同，并非因为物质需要的发展，而是由于我们精神需要的转变。是我们的精神，而非我们的服装、房产和汽车，使我们彻底与过去、与世界的其余部分相割裂。试想下，人类学家为了吸引我们的注意力而提起的那些原始人眼中，我们是什么样的形象。我们突然出现，征服大自然的能力就是我们的武器，然而只需要几个最简单的形而上学提问，他们就能让我们缴械投降：人死时发生了什么？他们所去何处？生者对死者有何责任？他们的文化善于解答这些问题，就像我们的文化善于解答他们困惑的科技问题。

我们以精神为代价，换取对自然的征服，这种西方式的道德败坏
78 已经是老生常谈了。野蛮人对宇宙认识深刻，却身陷物质贫乏的困境中，对于西方的发展，保守主义、浪漫主义的评判总是以此为例来论证物质发展和精神需要之间存在相悖的历史发展关系。当然这一观点也可以汲取基督教神学关于需要的消极看法。当世俗的乐观主义者相信精神需要的永恒性时，奥古斯丁主义的基督徒已经将目光聚焦在沦为“享乐”的奴隶的噩梦上：如此沉迷于物质以至于所有的精神需要

都已经湮灭。

然而人类的需要是历史性的，谁能预言精神需要的形式？草率宣告精神需要已死，轻率地谴责资本主义社会中物质主义者的追求，这会磨灭我们的勇气。西方社会仍在继续寻找精神安慰：让每个人对自己的精神满足进行判断，这是能与主体的自由相协调的唯一方式。需要什么，全由我们自己决定。如果公共语言仍将作为一种交流方式，针对它的局限性，我们还推动了对个体意义的探寻。我们已经拥有了奥古斯丁的第一种自由，正因如此，我们就与第二种自由擦肩而过。我们再也无法给予彼此抽象归属的可能性：在神圣宇宙中共享一处信念滋养之地。现在，社会就是我们的全部归属。

即使没有一致的宇宙论和目的论，我们依然坚信我们可以使个体存在富有意义，这种精神状态将使原始部族大为困惑。弗洛伊德正是这种独特追求的集大成者。通过深入探索我们的童年、梦境和欲望的逻辑，我们的精神需要得以重塑。我们与其他部族都认为某些类型的知识是自身发展所必需的。但只有我们相信这种必要的知识可以被私有化——成为个人科学。我们已经创造了一种新需要，拥有审慎人生 *79*
的新需要；在争执人生意义的喧闹中，我们努力实现它；在对死亡意义的集体沉默中，我们努力实现它。不要再为时代的精神空虚而讶异了，令我们震惊的应该是不论喧闹或是沉默，个体都能在其中寻得足够的意义与目标。

在我们意识到此点之前，至少从欧洲文艺复兴开始，这样的生活已经持续了很长一段时间。此后，哲学家开始以自身为例，并通过作品试着说明世俗的市场社会可以为具有竞争力的个人提供充分的合作与生存的理由。他们试着为一个缺乏一致的忏悔和共同信仰的社会设想一个道德逻辑。重新回到他们的作品，我们会再次被自己业已习惯的世界所震撼。大卫·休谟是最早关注我们所在世界的哲学家之一，现在我们就要进入他的身前身后事了。

3 形而上学与市场

……在这人生的最后一幕，面对死亡，我们必须卸下一切伪装，开诚布公……

——蒙田

詹姆斯·鲍斯韦尔（James Boswell）的日记中这样写道，“1776 年 7 月 7 日，正值礼拜日，上午，因为错过礼拜太久”，他决定步行到爱丁堡的圣安德鲁广场（St.Andrew’s Square），拜访“大卫·休谟先生，他刚从伦敦和巴斯返回，已是垂死之人”。[①]在客厅，鲍斯韦尔看到这位交好十年的伟大哲学家独自一人斜倚身体。“苍白，消瘦，身着镶着金属纽扣的灰色衣服，戴着假发，看上去普通不过”。虽然身体欠佳，但即使现在，休谟依然保持着他一贯的和善天性，他同年轻的朋友打趣，直到鲍斯韦尔将话题引向永生这个严肃领域。

① 参见詹姆斯·鲍斯韦尔，《濒临死亡的鲍斯韦尔》（*Boswell in Extremes,1776–1778*，New Haven：Yale University Press，1971）。

休谟是继伏尔泰之后，天启宗教在欧洲最知名的反对者，出于传记作家对故事的那种冷眼旁观的本能，鲍斯韦尔想要的也许是引导这位老人来一段临终前的“改弦易辙”，以便出版。但是鲍斯韦尔的用意更为深刻：面对安慰，老人有着一种平静的冷漠，这扰乱了鲍斯韦尔的节奏，他步入歧途的人生对安慰的依赖不下于他在伦敦的导师约翰逊博士。“我非常好奇”，鲍斯韦尔回忆，“很想知道，当死神近在眼前，他是否还会坚持否认来生的存在。我问他，有关消亡的想法出现时，是否从未感到不安”。休谟回答，没有什么比想到人生并无来处更令他不适了。他说自己依然十分开心——阳光普照，但来世他不可能如此惬意了。鲍斯韦尔急忙表示，他希望两人能在天堂相遇，他将会证明休谟错了。休谟谨慎地说，如果真有来世，要在神面前说明自己的事时，他觉得自己不会比任何一个基督徒逊色。

84 随后在写日记时，鲍斯韦尔回想起来，休谟说这些时“带着常有的咕哝打趣，肥胖导致的习惯性喘气，还有良好幽默感一直赋予他的淳朴笑容”。他们换了更轻松的话题，对蒙博杜勋爵（Lord Monboddo）关于《论语言的起源》(*The Origin of Language*）的论述，休谟十分不满，他觉得肤浅又荒谬；对朋友亚当·斯密的《国富论》，他则不吝热忱，这是鲍斯韦尔印象最深刻的部分。跟休谟交谈总是充满乐趣，这次也不例外，但当他留下老人独自一人，起身离开时，鲍斯韦尔感到，“有点恐惧，夹杂着不受控制、陌生又凌乱的回忆，想起了伟大母亲的尽责教诲，约翰逊博士的高尚训诫，还有过往一生自己的宗教感情和个人情事”。

离鲍斯韦尔的拜访过去了一个月，8 月 8 日，亚当·斯密去探望了休谟。发现他似乎跟以往一样活力满满，亚当·斯密大胆表示，他看到了休谟痊愈的希望。休谟兴高采烈又充满活力。“你的希望过于乐观了。对任何年纪的人来说，持续一年的习惯性腹泻都是十分严重的疾病——按我的年纪，则称得上是致命的了。”他满足于自己的寿命——那个时候，65岁算是高寿了——不论何时，他都断定自己的疾病无药可救，在几个月前完成的简要自传中，他也是这么表示的。后来他说过自己想要“痛快的死亡”：事实却是漫长又痛苦。[①]

斯密随后表示，如果一切必须如此，至少应该让他的老朋友知道，他是以最好的状态告别了亲友。休谟的确给他的亲人提供了特别的照顾，他曾坐在轿椅上同他们一起完成冗长的告别访问，忍受着其间的不适。在他人生中，所有凡人的关系联结都被紧紧维系，这似乎是最令他开心的想法。他告诉斯密自己最近正在重读琉善（Lucian）的《死者对话录》（*the Dialogues of the Dead*），这是他最喜欢的书籍之一，他仔细阅读了死者为了拖延渡过冥河的时间，对着船夫——即冥府渡神卡戎（Charon）找的各种理由。[②]但没有一个理由适合他。他没有房子待建，没有后代需要养育，没有敌人需要报复。为了找到在河边逗留的好理由，他的确一度非常困扰。后来他突然想到也许可以向渡神请求一些时间来准备新版作品。对自己的作品，休谟校订成性，在生命的最后几年，他一直都在对《自然宗教对话录》（*the Dialogues Concerning Natural Religion*）进行润色，这是他对基督教形而上学思 85

① 参见大卫·休谟，《道德、政治、文学散文集》（*Essays, Moral, Political and Literary*，2vols.，London：Longmans，Green，1875）中的《我的一生》（“Autobiography”），vol.1，p.7。

② 参见亚当·斯密，《通信集》（*Correspondence*，Oxford：Oxford University Press，1977），pp.203–204，218；关于琉善对现代欧洲讽刺传统的影响，参见克里斯托弗·鲁宾逊（Christopher Robinson），《琉善及其在欧洲的影响》（*Lucian and his Influence in the Europe*，London：Duckworth，1979）。

想最重要的批判。但他说渡神不太可能为一个作家的虚荣心留出时间。他对斯密戏谑道，他也许该请求渡神给他足够的时间来见证人类从基督教迷信中解放出来。但渡神的答案他早就知道：“两百年里都不可能，马上上船，你这个游手好闲的无赖。”[①]

25 年的友谊在这个经典的讽刺笑话中落下帷幕。斯密没能再与休谟会面。他们有过一次通信，休谟恳求斯密，在他死后能够负责《自然宗教对话录》的出版事宜。在履行友情的义务和要接手他反感的“无神论”作品之间，斯密一直在犹豫。最后，休谟一定意识到了斯密不会帮他完成遗愿。[②]结果也正是如此。1779 年《自然宗教对话录》面世时，斯密与其出版毫无关系。

休谟逝世于 1776 年 8 月 25 日。四天后在墓地里，前夜宿娼后的鲍斯韦尔酒醉未醒、懊悔不已，他在雨中倚墙而立、浑身湿透，看着马车列队离开圣安德鲁广场，装载着棺材，将其带向安宁之地。

在启蒙运动时期人性派和信仰派的争论中，休谟能平静地直面死
86 亡成为他们的焦点之一。1777 年年初，斯密出版了一本小书，记录了他这位“无比睿智和善良的朋友”，结果表明，在当时这本小册子比他的《国富论》更具争议。[③]他所描述的休谟在死亡边缘的轻松说笑极大地震撼了众多基督徒。一位主教不得不在一封致斯密的公开信中愤怒回应：

① 参见斯密，《通信集》，pp.203–204，218。
② 参见斯密，《通信集》，pp.210–211。
③ 参见斯密，《通信集》，pp.217–221。

> 您是否确信、以及能否让我们确信：这个世界不存在上帝，也不存在奖罚分明的未来国度？如果可以确信，那完全没问题。让我们在弥留之际读读琉善的作品，在卡戎的渡船上开开玩笑；让我们为了自己的人生，尽可能像这位哲学家兄弟、像田间的牛、像荒漠里的驴那般愚蠢而麻木地死去。但是如果这些事情真是如此——它们大体上也确是如此的话，先生，您是否该接受我们的观点，即便您那位品行“无比睿智和善良”的朋友对一切被称为“宗教”的事物都怀着无可救药的憎恶？[①]

其他人对休谟的平静向死则是不以为意。约翰逊告诉鲍斯韦尔，无神论者的平静只是一种姿态，一种迷惑信徒的“自在外表”。埃德蒙·伯克（Edmund Berke）则更为犀利，他对鲍斯韦尔说，无神论者也有自己的教派，且丝毫不比信徒少。休谟的死和斯密的文章，是“为了他们教派的声望而做”，而且做得很好，但这对一位一直以来都在准备苏格拉底式死亡的65岁的年事已高的老者来说，太过小题大做了。[②]

对于休谟之死，我们能做的就是保留其指导意义。然而这并不轻松。鉴于现在我们中的大部分人并不会在死亡之时得到宗教安慰，我们可能无法理解，鲍斯韦尔看到一个人以这样前所未有的方式告别世界时，他的惊恐。这恐惧是切切实实的，而不是偷窥者喜

---

① 见诺威奇（Norwich）主教乔治·霍恩（George Horne），《致亚当·斯密的信》（*A Letter to Adam Smith*, Oxford：1777），pp.9–10。

② 参见《濒临死亡的鲍斯韦尔》，p.270。

悦的战栗。跟休谟会面后的几个星期里，鲍斯韦尔偶尔会躲藏在这位哲学家的住所周围，有几次他想要进入，却只落得被伤心的仆人拒之门外。他来到律师图书馆（Advocates' Library），“带着点自我
87 折磨的倾向”，他再次阅读了休谟关于圣迹的文章，我们可以想见，锋利的语句会令他难以接受：“因此整体上我们可以断定，基督教不仅最初是以神迹的形式出现的，而且即使到了没有神迹的当下，任何一个没有信仰的理性之人都不会相信它”。[①]

最后一次会面后，休谟不寻常的平静在此后数月，确切说是数年时间里困扰着鲍斯韦尔。休谟逝世数月后，我们在鲍斯韦尔的日记中偶然看到了一段记载，描述了某个周末早晨，他躺在床上与幼女维罗妮卡（Veronica）的交谈。他问小女孩，如果她死后来到天堂却并未发现父亲，而是目睹他被关在圣城外，留在炼狱的阴冷荒地里，她会怎么办。当她欢快地表示会到上帝面前去请求他允许自己的父亲入内时，鲍斯韦尔欣慰地紧紧抱住了她。[②]

我们从不与人谈论这些，更不必说自己的孩子。如果鲍斯韦尔的恐惧依然属于我们，那么大部分人已无法从孩子的回答中得到安慰了。

这个故事的尴尬还有一处。我们很难想象自己敢像鲍斯韦尔问休谟那样，问一个哲学家关于死亡的问题。然而可怜年迈的“冒失鬼鲍斯韦尔”——甚至可谓是窥探他人死亡的卑鄙之人——终究还是这样做了。在拥有一个智者所有的思想创造后，我们仍想知道的，就是鲍斯韦尔厚颜无耻地想要从休谟那里知道的：“死亡近在眼前时”，我们

---

① 参见休谟，《道德、政治、文学散文集》，vol.2，p.108。
② 参见《濒临死亡的鲍斯韦尔》，p.114。

应该如何度过余生。我们也许无权向任何一个哲学家做此提问，但鲍斯韦尔有权向休谟提出，因为他致力于研究这个问题。

1739年，在与格拉斯哥大学伦理学教授弗兰西斯·哈奇森（Francis Hutcheson）的通信中，当时年仅28岁的休谟不无讽刺地问道："请问人类的目标是什么？人是因为幸福而生吗？还是为了道德？是为此生还是来世？是为了自己还是上帝？"不论如何理智地解答这些疑问，答案都注定是"相当模糊且有违哲学的"。[①]面对人类探寻无解之题这一弱点，没有一个哲学家表现得比休谟更加冷漠。时至今日，如果在"生命的意义"这种表达中还有嘲弄的回响的话，那么休谟在这个讽刺的历史中占据了重要地位。在《人类理解与道德原则研究》上卷中，他就坚持认为这类"深奥的难题"是"完全无法理解的"。[②]人类经历中，没有一点迹象可以表明让人类困惑、矛盾的斗争的对象是人类的终极目标。 88

这一结论并非只是认识论的枯燥推理，就像休谟25岁时在安茹（Anjou）静养期间创作的《人性论》，该书第一卷的痛苦结语就揭示了，对理智无力解答生命的终极问题的醒悟；这一发现是需要付出代价的，它是个人经历的痛苦产物。二十几岁时孤独的锤炼，造就了他最后时刻的坦然。之后在与因果律、自由意志和自然规律的观点做斗

① 参见大卫·休谟，《大卫·休谟书信集》（*The Letters of David Hume*, 2 vols., Oxford: Clarendon Press, 1932），vol.I，pp. 32–33。

② 参见大卫·休谟，《人类理解与道德原则研究》（*Enquiries Concerning Human Understanding and Concerning the Principles of Morals*，Oxford：Oxford University Press，1975），p.11；另参见安东尼·弗卢（Anthony Flew），《休谟的信仰哲学——〈人类理解研究〉探析》（*Hume's Philosophy of Belief: A Study of his First Inquiry*，London：Routledge and Kegan Paul，1960）pp.1–22。

争时，休谟意识到他这些独一无二的研究已使他扭曲成为“某种怪异粗鲁的魔鬼，无法融入社会、与他人往来，已经被排除在一切人类活动之外”。[①] 体会到“困惑，以及理智本身逐步显现的瓶颈”，被“最深处的黑暗包裹”的感觉，休谟发现，自己在那些年所经历的这一切带给他的体验，与信仰神秘主义宗教的人并无不同。跟他们一样，休谟已经知道了“精神上的冷漠与荒芜”，它们正等待着上帝显现。[②] 像帕斯卡尔和罗亚尔港詹森派（Jansenists of Port of Royal），以及在拉夫雷士（La Flèche）创作《人性论》期间、曾在修道院与他谈心的年轻虔诚的耶稣会会士（Jesuits）一样，休谟为了进入怀疑的空房间而遵循了内心的贪婪；也像他们一样，他不得不从禁欲中吸取经验——不是寄望于信仰，而是寄望于世俗激情的必然性。他发现当理智无法驱散哲学愁
89 思的云翳时，自然造物（Nature）自身就会仁慈地用感官性或社交性的消遣来进行补救。

> 我会享受美食，我会下双陆棋，我会同朋友谈心、共度欢乐时光；三四个小时的玩乐结束后，我会重新投入这些思考中，它们看起来是如此冷漠、牵强和荒谬，以至于我无法由衷地再深入思考。[③]

---

① 参见大卫休谟,《人性论》(*Treatise of Human Nature*, Oxford：Oxford University Press, 1978)，p.264；另参见爱丁堡大学历史系（University of Edinburg History Dept.）未出版文献，尼古拉斯 · 菲利普森（Nicholas Phillipson）的《道德主义者休谟：一个社会历史学家的视角》(“Hume as Moralist：a Social Historian’s Perspective”)，1978。

② 参见 E. C. 莫斯纳（E. C. Mossner)，《大卫 · 休谟的一生》(*The Life of David Hume*, Oxford：Clarendon Press，1980)，p.70；围绕 17 世纪法国思想中对隐秘的上帝的讨论，参见 L. 戈德曼（L. Goldman)，《隐藏的上帝》(*The Hidden God*)，pp.50–57。

③ 参见休谟《人性论》，p.269。

为什么当哲学努力地要为存在的确定性建立理性依据时，生活中的寻常幸福，简简单单、轻而易举地就可以传达这种确定性，从那以后，这就成为休谟哲学留待解答的问题。

“行动、活动和日常生活的消遣能够驱散形而上学的荫翳”[①]，休谟的这一发现可能不会给我们留下深刻印象，但针对这明确不过的想法提出反对的那些观点，倒是值得我们去深入了解。想一下旧时提倡优先考虑的事物：“先求他的国和义”，“人不能仅靠面包过活”。这些原则是《人所当尽的本分》和此类表现长老会虔诚的其他作品的中心思想，其中《人所当尽的本分》是休谟童年时的祷告书，我们可以想象一位苏格兰地主的儿子在宁威尔区（Ninewells）的自家房产里接受这一切思想，他诚挚无比却又抱有怀疑。[②]青春期的休谟钟爱斯多葛学派的作家，他们忠告对世间万物应保持坚定的淡然心态，以便更好地应对死亡，而休谟为肉体具有抚慰特性的辩护，也是与该学派相悖的。通过休谟自己的死亡，我们可以判断他有多么珍视斯多葛式的自制典范，这也让他否定斯多葛派关于激情的看法更具独创性，后者认为激情是种会让人自欺欺人的感情。

当然对那些休谟研读过其作品的、17 世纪的奥古斯丁主义者而言，双陆棋在抽象意义上具有的抚慰性并没有什么好说的。这种游戏不正是帕斯卡尔所说的使普通人逃避精神荒芜的“消遣”吗？但是在其他 90

① 参见休谟，《人类理解与道德原则研究》，p.269。

② 参见莫斯纳，《大卫 · 休谟的一生》，ch.1；佚名，《人所当尽的本分》（*The Whole Duty of Man*，London：1658）。本书以 1841 年伦敦出版的版本为参考。

方面，休谟与朴素的罗亚尔港詹森派又有着密切的联系。[①] 该教派否认的理性上帝，坚持认为上帝是隐秘、无法言喻的，他在神秘的恩典中被感知，而不是人类的沉思中，这些都使休谟想起自己曾讽刺神学问题中对人类理性的假设。

在休谟思想的发展中，皮埃尔·贝尔（Pierre Bayle）在信仰与怀疑主义之间搭建起了一座特殊的桥梁，这位法国新教徒在“南特赦令”（the Edit of Nantes）后被流放于阿姆斯特丹。他的《历史批判辞典》（*Dictionary*）及其诙谐博学的脚注成为18世纪反宗教论战的宝藏，但他自己似乎依然是个信徒。他在《历史批判辞典》的“斯宾诺莎”条目下所做的评论展现了他个人信仰的归宿之地：

> 有些人……他们的信仰不在理智中，而是在心里。当他们用人类的推理寻找它时，它就消失不见了；它巧妙地避开了他们争吵过程中的狡猾与诡辩；尝试权衡利弊时，他们就会感到困惑；只要他们停止争吵，简单地遵从自身情感的征兆、良知本能的激励、教养的浸染等，那么在人类局限性所能允许的范围内，他们会坚定地信仰一个宗教，并以此过完一生。[②]

---

① 参见帕斯卡尔，《思想录》的“消遣”主题，pp.155–164。关于詹森派思想对18世纪法国经济哲学的影响，参见J. C. 佩罗特（J. C. Perrot），《看不见的手与隐秘的上帝》，出自其作品《路易·杜蒙纪念文选》（*Mélanges en l'lhonneur de Louis Dumont*，Paris，1983）。

② 参见皮埃尔·贝尔，《贝尔辞典选粹》（*Selections from Bayle's Dictionary*，Princeton：Princeton University Press，1952）；另参见伊丽莎白·拉布鲁斯（Elizabeth Labrousse），的出色作品《贝尔传》（*Bayle*，Oxford：Oxford University Press，1983），pp.49–60。此段引文来自贝尔《历史批判辞典》中关于斯宾诺莎的文章。有关休谟与贝尔思想的联系，参见J. P. 皮蒂翁（J. P. Pittion），《休谟对贝尔的研究：备忘录的来源和作用探究》（“Hume's Study of Bayle：An Inquiry into the Source and Role of the Memorandum”），载于《哲学史期刊》（*Journal of the History of Philosophy*，15，1977），pp.373–386。

在贝尔的作品中，我们看到了从“唯信论”到“怀疑论”的转变路线，前者是对信仰的顺服，后者则对理智的能力——了解上帝或领悟其为人类行为设定的规则，表示了怀疑。对于人类理性的不足，像贝尔这样的17世纪信徒早已有所批判，休谟对宗教的抨击，则使这种批判更为彻底。

神父马勒伯朗士是另一位休谟最喜欢的17世纪作家，他曾在作品里表示，我们的“所有的激情都能自圆其说”这一事实，是人类罪的主要来源。休谟坚持认为，如果没有这些辩解，那么人类的生命将会停滞。如果动机必须以理性的论证为基础，那么就像休谟在二十几岁时经历的那样，生命会成为一场困惑的梦魇。[①] 幸好这个噩梦没有发生。 91
“本性总能战胜原则”。人类“生来就不可或缺的”——我们称其为需要，推动着他去满足它们，即使理智并不认可这种追求的终极价值。

对休谟而言，有关上帝对人类意旨何在的争论方向不明，但来自我们的需要的巨大压力可能使其变得明朗。毫无疑问，作为知觉形成中的动机，愉悦与满足证明了它们的价值。人类生命中没有其他什么可以免于理智的质疑了。通过缓解饥渴、解决不满、表达同情、满足性欲，知觉使这种追求神圣化，肯定了所有的艰辛。

如果没有快乐的必然性，那么物种的存续就会因为理智的质疑而终止。床榻之上，人们在欲望的螺旋中迷失自己，忘却了人类的繁荣，

---

① 参见休谟，《人类理解与道德原则研究》，p.160。尼古拉·马勒伯朗士（Nicolas de Malebranche），《真理的探索》，出自《全集》（两卷本，卷一），（Paris：Gallimard，1979），BookV，ch.2。

忘却了孩子的未来，实际上，他们忘却了一切。[①]欲望不会先于理性思考而止步，这一事实决定了这个星球上生命的未来。人类的发展也是同样。如果真像理性要求的那样，人类的奋斗必须顺从于死亡，那么我们战胜死亡获得的那些胜利——法律和政府，科学与艺术——将永远不会被尝试。“天性中快乐的技巧”——我们的需要与欲望的说服力——误导了我们，坚信自己独创性的劳动并非徒劳。[②]不论多么令人信服或深受喜爱，没有一个哲学观点，能像欲求的痛苦、达成的圆满那般，使生者感受到生之所在。[③]

1759年，斯密的《道德情操论》出版，当时的他三十出头，与休谟的终生友谊正开始。该书的观点实际上是对休谟的观点展开了思考。理论上，斯多葛学派也许是正确的，“那些人类欲望的伟大目标”——权力和财富——并无价值。两者都无法使人摆脱人生六大苦——“焦虑、恐惧、悲伤、疾病、危险和死亡”。[④]不过休谟继续表示，
92 “自然以这种方式强迫我们”也无妨。需要盲目的必然性，就像一只无形之手，驱使人们不断朝着目标前进，而在目标实现之前，理智将会踌躇不前。

休谟与斯密将基础需要，而非理智选择，当作进步的原动力[⑤]，这对并不看重物质需要的斯多葛派和基督教而言，他们的学说就是一种巨大的挑衅。正如斯密告诉他学生的那样：

---

① 参见休谟，《人性论》，p.486。
② 参见休谟，《道德、政治、文学散文集》，vol.2，p.104，《论怀疑派》(“The Sceptic”)。
③ 参见休谟，《道德、政治、文学散文集》，vol.1，p.229，n.12。
④ 参见亚当·斯密，《道德情操论》(*The Theory of Moral Sentiments*，Oxford：Oxford University Press，1976)，Ⅲ.3.30。
⑤ 参见休谟，《人性论》，p.413–418。

所有的艺术和科学，法律和政府，智慧，甚至美德自身，往往都指向这一件事情，即供给人类的肉、饮品、服装与住宿；这些通常都被视为最低下的消遣，只能契合最卑微、最低下之人的追求。[①]

也许正如休谟所说，令社会生活保持和睦的并不是“对公众利益的热情”，而是“贪婪与勤劳、技艺与奢华的精神”。[②]

他们将“饥渴和对性的热情”[③]描述为历史发展的动力，也许已经对宗教情感造成了冲击，但是对基本的宗教疑问——“死亡近在眼前”时，人类如何度过余生，他们关于需要的理论不失为一种解答。像鲍斯韦尔跟一个朋友坦白的那样，为什么大部分的人尽管说着“过得很好”[④]，却不见得能说出他们是**如何**生活的。

如果说休谟是个形而上学的怀疑论者，那么对激情确定性这一可取之处的强调，可以帮助我们理解为什么他不是一个道德怀疑论者。人类可能对生命的终极目标感到迷茫，但对于眼下的道德责任，他们无须困惑。他写道，所有的责任都可以分为两类，那些“由天性或当前倾向所驱动的”，比如对孩子的爱、对恩人的感激、对不幸者的同

---

① 见亚当·斯密，《法理学讲义》(*Lectures on Jurisprudence*, Oxford：Oxford University Press, 1978)；以下简称 LJ（A），p.338；另参见 LJ（B），Vol.1 vi.21。LJ（A）和 LJ（B）为以上引文涉及的讲义全集的不同部分。

② 参见休谟，《道德、政治、文学散文集》，Vol.1，pp.294–295，《论商业》(“of Commerce”)部分。

③ 见斯密，LJ（B），pp.300–301。

④ 参见《濒临死亡的鲍斯韦尔》，p.113；参见 G. W. F. 黑格尔（G. W. F. Hegel），《法哲学原理》(*Philosophy of Right*, Oxford：Clarendon Press, 1965)，pp.126–128，paragraphs 189–195。

情，还有那些“当我们注意到人类社会的迫切需要时，出于义务感”而采取的行为。

93 第二种责任是富于正义的——尊重他人财产，遵守诺言与契约，等等。[①]因此，所有的人类道德来自我们自然的或者社会的需要，和我们对人类社会必需品所持的信念。[②]认识到我们共同的必需品，我们就能理解彼此的行为，从而相互信任。[③]在一个终极目标被黑暗包裹的宇宙里，必需品指引着人们的行动。[④]既然人们的需要一致，那么他们可以就道德行为的最基本前提达成共识，特别是他们缓解困难人群需求的义务。人们在这些约定的效用上所具备的共同信念，就可以得到同情与同感的支持；这两种人类的天然属性因习性与习俗而得到强化。[⑤]

作为人类行为的基础，仅以人类需要和信仰为基础的世俗伦理，和建立在我们的生命是由主来经管的观点之上的伦理，是一样可靠的。[⑥]休谟坚持认为，鉴于个人对人类欲求的合适对象可能会一直存在异议，针对其所有需要，他们可以根据司法和资产制度，依照道德行为的准则，最低限度地达成有约束力的协议。这种就人类需求属性达成共识的能力，正是德行、秩序和进步所需要的。

---

① 参见休谟，《道德、政治、文学散文集》，Vol.1，pp.454–455，《论原始契约》部分。

② 参见休谟，《人性论》，pp.41–46；另参见阿拉斯戴尔·麦金太尔（Alastair MacIntyre），《追寻美德：道德理论研究》（*After Virtue: A Study in Moral Theory*，London：Ducksworth，1981），pp.45–54；另参见戴维·米勒，《休谟政治思想中的哲学与意识形态》（*Philosophy and Ideology in Hume's Political Thought*，Oxford：Clarendon Press，1981），ch.2。

③ 参见休谟，《人性论》，pp.536–552。

④ 参见休谟，《人类理解与道德原则研究》，pp.80–89。

⑤ 参见休谟，《人类理解与道德原则研究》，pp.169–174；214–218；《道德、政治、文学散文集》，Vol.1，p.456。

⑥ 参见休谟，《道德、政治、文学散文集》，Vol.2，pp.109–113。

但是，在资本主义社会，或者就如休谟所说的，一个“商业社会”中，经济增长会不断扩大必需品的范畴。极少数人的奢侈品成了所有人的必需品。如果伦理德行离不开针对必需品的一致意见，那么在一个不断挑战需要界限的社会，它还有希望吗？[1]

德行之人，在面临资本主义现代化到来的道德传统中，即无需之人；在斯多葛派的论述中，即自制之人；在加尔文派和詹森派的布道中，即圣人；在文艺复兴的人文主义思潮中，即公民；在鲍斯韦尔这 *94*
样的苏格兰低地贵族的幻想中，即苦行者、是高地的酋长。[2]从欧洲商业大举进入美洲的山林、热带丛林和草原的那一刻起，这个评判者就化身为野蛮人。尽管在自己主人的种植园里他被囚禁、殴打，但在前者的良知里，他自由游走，评判其残忍与浅薄的欲望：可可、糖浆、棉花还有兽皮，帝国主义自身就是这些欲望的奴隶。

如狄德罗、雷纳尔和卢梭主张的那样，野蛮人的德行是基于经济上的自给自足，和在早于你我这个世界的失乐园中，他作为采猎者已经自力更生了。他的需要，只是那些通过自己的速度、灵巧和所在世界的偶然馈赠就能实现的需要。他的自我认同并不为他人目光所累，

---

① 参见麦金太尔，《追寻美德》，p.46。

② 参见 J. G. A. 波考克（J. G. A. Pocock），《马基雅维利时刻：佛罗伦萨政治思想与大西洋共和主义传统》（*The Machiavellian Moment: Florentine Political Thought and the Atlantic Republican Tradition*, Princeton：Princeton University Press，1975）关于公民人文主义的部分，chs.5–6；关于 17 世纪 40 年代的英国革命思想中的圣徒与公民，参见迈克尔·沃尔泽（Michael Walzer），《圣徒的革命》（*The Revolution of the Saints*，London：Weidenfeld and Nicolson，1966）；另参见昆廷·斯金纳（Quentin Skinner），《现代政治思想的基础》（*The Foundations of Modern Political Thought*，2 vols.，Cambridge：Cambridge University Press，1978），vol.2，chs.7 和 8；鲍斯韦尔关于高地酋长的故事，参见其作品《游赫布里底诸岛日记》（*The Journal of a Tour of the Hebrides with Samuel Johnson,LlD*，Oxford：Oxford University Press，1970）。

所以他的德行不会为诱惑所困。[①]

在所有这些类型里——斯多葛式英雄、圣人、公民和野蛮人——无需之人旨在对浮华的现代人做出评判。经济人的自我意识并不是来自自发性地自我关注，而是来自他人眼中的经济人的形象反射。[②]因为与他人的欲望关联，所以他的欲望是个无底洞；休谟承认过，经济人的财富欲望"无法满足，无止境，无处不在"，如果失去了公正规则的约束，就会"直接贻害社会"。[③]卢梭又愤怒地补充道：经济人的德行不过是诳骗的伪装。[④]

面对对经济人的虚假意识（false consciousness）的控诉，休谟和斯密的对策是让其坚持个人主义。[⑤]这不仅仅意味着他是自身需要的最佳评判者，而且只有当这些需要真的是他自己的需要时，他才会重视它们。跳出自身，跳出这种以他人为镜的社会游戏，也可以视自己为中立的旁观者，他就会明白这是自己的需要。卢梭、狄德罗，还有其他认为资本家长期的欺骗行为是积习难改的人，都认定经济人在社会竞

① 参见德尼·狄德罗（Denis Diderot），《布干维尔岛游记补遗》（"Supplément au Voyage de Bougainville"），出自《哲学全集》（*Oeuvres philosophiques*，Paris：Garnier，1964）pp.447–516；教士纪尧姆·雷纳尔（Abbé Guillaume Raynal），《东西印度群岛哲学史》（*Histoire philosophique des deux Indes*，Paris：Maspero，1981）；J. J. 卢梭（J. J. Rousseau），《社会契约论》（*The Social Contract and Discourse*），pp.1–27，《论艺术与科学》（"A Discourse on the Arts and Sciences"）部分。

② 参见休谟，《人性论》，p.365："整体上我们可以认为，人的心灵就是互相映照的镜子，这不仅是因为心灵反映了彼此的情感，还因为那些激情、情绪和想法的光束能够彼此反射，并悄然无声地消失。"关于欲望是个无底洞的整体思路，参见勒内·基拉尔（René Girard），《欺骗、欲望与小说：文学结构中的自我与他人》（*Deceit,Desire and the Novel: Self and Other in Literary Structure*，Baltimore：Johns Hopkins Press，1965）ch.1。

③ 参见休谟，《人性论》，p.402。

④ 参见卢梭，《社会契约论》，p.86，《论人类不平等的起源》。

⑤ 参见斯密，《道德情操论》，Ⅶ.ii.4.9。

争的“照镜子”游戏里，放弃了自己的道德自律。休谟和斯密继而设 95
想了一个独立的个体，在媒介关系中，他可以找出欲望的真相。自然巧妙地运用了我们看似自私的个人主义：个体坚持要明确自己的欲望源于自身，这可使社会摆脱虚假意识。这可能是当下或任何时候，对虚假意识的有关学说，唯一可行的反击了，但它也在资本主义经济人的意志力量上，投下了信任这一贵重的赌注。

休谟自身的死亡方式，当然是为人类的自制能力做了辩护，但是在他自己的哲学思想中，他对世人能力的评价似乎低了许多：他们拥有的那些美德，依赖于习惯、习俗和信仰对他们激情的教化。他认为，他们拥有的意志不过是自身情感的玩物，而非理智的仆人。[①] 在商业社会的“激烈争抢中”，休谟对资本主义社会中人的道德能力相对积极的评价，最终取决于他对独立自我及其自制能力的信任，而这在他自己的哲学思想中，勉强抵挡住了他怀疑主义的各种刻薄。

此外，他认为普通的生与死不需要一个形而上学的假设，来设想世俗人类中存在一定程度的精神平和，这似乎相悖于他自身关于宗教经验的社会心理学。就像他自己所意识到的，认为人类对形而上的安慰没有固有需求，其实是在假定人们未发现人性中存在的问题。然而他的《宗教的自然史》和《自然宗教对话录》都提出，正因为我们不甘现状，并寻求宗教来解释我们天性中的痛苦，所以人类历史中出现了宗教慰藉的需求。

他写道，在对人性的安济之中，发现上帝之手的人们，需要去解
释为什么人类“是所有物种中，最需要却又是最缺乏身体优势的；若 96
非由于他们的技艺和勤奋，他们就没有衣服、没有武器、没有食宿、

① 参见休谟，《道德、政治、文学散文集》，Vol.1，p.222；《人性论》，pp.413–418。

没有任何生活的便利”。[①]

在其他物种中，需要是与生存环境相平衡的，狮子的力量、羔羊的温顺，都很好地与他们各自的嗜好和栖息地相适应，而人类涉猎的范围已经完全超出其能力所及。如果上帝只给了人们“对勤奋与劳作的更强烈的倾向性；更具活力的思维动力与活动；对事业和奋斗更持久的热爱”的话，那么他早就可以向人类证明他的方法是对的。无法预测的是，人体是如此精密，以至于“除了最迫切的需要没有什么可以强迫”人类去劳动。人类主要的需要与匮乏都不可能与人性中神的意旨相协调。斐洛（Philo）是休谟《自然宗教对话录及宗教的自然史》中的怀疑论者，他在对宗教拟人论的讽刺中评论道，一个“溺爱的家长”更应该慷慨地为他的子女提供更多。[②]

那些对神意持乐观主义的人声称，他们目睹了溺爱的家长带来的影响，不是在人的需要里，就是在他的社会成就中。[③]休谟表示，人类

---

① 参见休谟，《自然宗教对话录及宗教的自然史》（*Dialogues Concerning Nature Religion and the Natural History of Religion*，Oxford：Clarendon Press，1976），p.237；休谟的宗教思想参见 J. C. A. 加斯金（J. C. A. Gaskin），《休谟的宗教哲学》（*Hume's Philosophy of Religion*，London：Macmillan，1978）。

② 参见休谟，《自然宗教对话录》，p.237。

③ 普遍意义的神意论参见雅各布·瓦伊纳（Jacob Viner），《神意在社会秩序中的角色》（*The Role of Providence in the Social Order*，Philadelphia：American Philosophical Society，1972）；约瑟夫·巴特勒（Joseph Butler）是 18 世纪圣公会（Anglican church）著名的神意乐观主义者。参见其作品《自然宗教与启示宗教之类比》（*The Analogy of Religion, Natural and Revealed*，London：Everyman，1906）。亚当·斯密与乔纳森·斯威夫特（Jonathan Swift）都认为在性欲的盲目中，在其对结果预测与思考的无力中，有着神的意旨。参见《道德情操论》，II.i.5.16；乔纳森·斯威夫特，《格列佛游记与散文诗歌选集》（*Gulliver's Travels and Selected Writings in Prose and Verse*，London：Nonesuch，1946），pp.465–467：“尽管上帝希望我们的理性可以控制激情，但似乎在世界存续的两个关键时刻，上帝想要激情战胜理性。第一个是物种的繁衍，因为没有一个聪明人曾因理性的指令而结婚。另一个是对生命的爱，在理性的驱使下，每个人最后对它都会既鄙夷又期待，或者它从不曾存在。”（《关于宗教的思考》，No.15）。参见休谟，《人性论》，p.485。

比任何生物都要努力地通过劳动分工，去弥补天然弱势。但是他坚信这些是纯粹的人类成就，而非神授的善意。可以说人类需要的自身逻辑并未对它们进行编码。有些需要具有向心力，将人们团结起来，尤其是“两性之间的自然欲求”，而另外一些则将他们分离，尤其是“贪得无厌、永无休止”的对商品和领地的热望。只有经历过痛苦后，人类才懂得要将对商品的无节制欲望控制在正义的范围内。当休谟称正义为“人为”的美德时，他想表达的是，正义是种人类成就，而不是根据天意，人性对社会生活要求的预适应。[1]

认为上帝改变了我们的本性是为了适应社会存在的要求，其实是希望责任与欲望的冲突能够消失，这是道德生活中最普遍的痛苦。这 97
并非因为人类痛苦的意图已然明确，而恰是因为它难以理解，因此苦难促使人类在天空中寻找“隐秘的神性踪迹”。[2]与饥渴的感觉不同，宗教冲动本身并不是一种自发的需要，而是它们的衍生物。休谟在书中写道，宗教信仰“并非源自原始本能或者对自然的最初印象，比如自发生成的自爱、两性情感、对后代的关爱、感激、愤恨”。[3]如果我们视人类为没有生理必需物、不存在缺失的动物，那么他将完全失去宗教冲动。宗教代表了人类对自身需要的思考，以及在一个充满缺憾的世界中，人类为寻找一种能够解释在满足需要时，体会到的内在痛苦的宇宙学，而做的努力。

人们创造的上帝是他们自身痛苦的创造者——是慈爱的天父，他

① 参见休谟，《人性论》，pp.477-483；《人类理解与道德原则研究》，pp.183-192。
② 参见休谟，《宗教的自然史》，p.32。
③ 参见休谟，《宗教的自然史》，p.25。

给予的惩罚，在时机成熟时带来了最圆满的结局——对休谟而言，上帝就是一个让人悲伤的证明，他证明了人类几乎无法承受其生存处境的真相。如果他们忠于自己在这个世上的真实经历来创造上帝，那么最后的形象将是大为不同的。在弥留之际，休谟对《自然宗教对话录》进行过补充，在那一段里他写道，对于上帝的想象，只有一种是与人类实际的处境相符合的。他写道，如果存在这样的生物——在面对死亡时，他呈现的不是鲍斯韦尔现在看到的这种温和的安详，而是表现出强烈的感情——那一定是某种受束缚的盲目的生物，因生命的自然力而受孕，在呻吟与阵痛中，不断诞下人类与动物，那是“她那被残害的发育不全的孩子们”。[①]

也许现在我们可以更好地理解最后一次会面时鲍斯韦尔的不安。休谟道德主张的核心在于为了免除自己的责任，我们不需要确切地了解生命的终极目标。我们甚至不需要知道自己为什么做一件事情：我
98 们的需要选择了我们，并启发我们的理智与意志。然而在他宗教思想更为消极的部分中，我们甚至可以发现一个完全不同的观点：不同于动物的需要，人类的需要既不具备功能性和适应性，也不会听天由命。人类不仅仅是*具有*需要：他们试图通过其具有的意义、神意的语言和原罪的神话来了解需要，以便使需要可以存续下去。

至此，休谟与奥古斯丁主义潜藏的联系浮现了出来：他们都认为，精神需求的动力在于人类能够认识到我们的本性缺少忍耐力，且其安济是难以理解的。休谟将精神需求定义为一种纯粹的人类现象，而对

① 参见休谟，《自然宗教对话录》，p.241。

奥古斯丁主义者来说，这是由恩典激发的渴望。[1] 现代宗教学认为宗教是一种纯粹的人类制度，休谟是这一学说的创始人。[2] 但如果在这点上，两种观点的分歧无法弥合，它们就触及了另一个意料之外的领域：他们意识到，人类能够实现他们与自然世界、与自身的疏离。因此，我们需要的远远超越了我们本身的存在。

我们有多么需要食物、衣服与住宿，就会同样地需要知道为什么有这些需求，但是没有人类语言能够解答这个疑问。需要自身无法解释人类的痛苦。它的安济难以捉摸，它所呈现的也不会透露什么；出现的只可能是意志、好心境，还有和水边的冥河渡神开的玩笑。

如果这就是休谟相信的，那么在这位哲学家逝世六年后，鲍斯韦尔很有可能期待过能够发现一本秘密日记，其中这位老人会自我坦白，自始至终，他都是一个真正的、虔诚的信徒。鲍斯韦尔说过，这是“一个非常愉快的梦”。[3] 这也证明了休谟的论点，即只要一个人不愿意相信，他就有办法去否认。

比起这些虔诚的美梦，还有其他更为急切的否认。修昔底德就曾谈到过，在那些灾害降临的城市，人们是如何成为贪婪欲望的俘虏的，
他们在家门口和街道上公然性交。薄伽丘也同样提到过，在被围困的 *99*
意大利城邦里，人们在废墟中一同疯狂行乐。[4] 当生活蒙上了死亡的阴影，对普通人来说，保有哲学家式的自制力这个要求就太难做到了。

---

① 参见柯拉柯夫斯基，《宗教》，p.10。

② 参见布朗，《圣徒崇拜》，ch.1。感谢剑桥大学克莱尔学院的罗伯特·斯克里布纳（Robert Scribner），感谢他为本书宗教历史的内容提供的参考。

③ 参见《濒临死亡的鲍斯韦尔》。

④ 参见休谟，《道德、政治、文学散文集》，Vol.1，p.288。

这两个支持他论点的例子，休谟都很喜爱。

休谟过世后几个月，鲍斯韦尔将一位妓女带到圣安德鲁广场后面的一个垃圾场，在一个泥瓦匠肮脏漆黑的棚屋里，与她性交。他经常这么做，但这次有些许不同。他本该在日记里记下，那发生在“离休谟家一石之隔的地方”[1]，然而他没有，这是偶然吗？如果这也算一种否认，那么比起大多数人来说，这位老哲学家对此有更好的理解。

但这确实是一种否认，它对逝去长者的幼稚挑衅，说明需要并没有遵从这华美的约束，休谟曾自信它能够教化我们的感情。如果你和休谟一样，在控制自身需要时采取的是斯多葛派的做法，那你可以设想，存在一种背离神的认可的道德；如果你是鲍斯韦尔那样鲁莽的、不懂自制的、自身需要的奴隶，那就罢了。如果你是休谟那样的心如止水之人，那么你可以设想一个没有仁慈天父的世界；但如果你是鲍斯韦尔那样完全无法接受自己的人，那也就另当别论了。从根本上说，纯粹的世俗道德是一种没有宽恕的美德。惊恐中的鲍斯韦尔已经明确了这一点。

休谟也清楚这一点，他只是拨开了基督教安慰的遮蔽。对将死之人普遍有之的需要，他带着嘲讽拒绝顺从，这其中存在某种自命不凡。此后的世俗文化基本上已经摈弃了这种自大。面对人类的种种精神需求，现今的世俗主义只是意味着一种广义的缄默文化。休谟那种苏格拉底式的死亡，意味着基于坚定信念而否定了这些需要。

100 休谟是如此富有怀疑精神，以至他未曾期待这些需要会随历史消逝，但是很快，他同时代出现了持异见者——孔多塞（Condorcet）便

① 参见《濒临死亡的鲍斯韦尔》，p. xviii。

是其中之一——他认为需要的历史化是符合逻辑推断的。[1]如果轻信总是伴随着匮乏、贫穷和愚昧，那是不是会有这样一个社会，通过消灭贫穷就可以杜绝精神自欺？肉体饱足，精神便不再空虚。赐予所有人自由、平等和友爱，那么没有人会继续在神权面前，放弃自己的意志与智慧。

孔多塞后，19世纪时德国人的意识形态只是将这种批判停留在思想层面。如果人类能够摆脱贫乏的桎梏，如果能够消除人类之间的对立——阶级斗争，那么如同日渐式微的旧式迷信思想，人类对形而上安慰的需求也将不复存在。[2]

作为自然生物和社会生物，我们人类可以承受许多，因为正义、平等和友爱可以将其救赎，但还有许多我们无能为力的事情：疾病、衰老、别离和死亡。[3]的确有一些社会帮助个体用更强大的自尊来背负这些重担。现代社会——资本主义或者社会主义都无妨——甚至有可能在那些哀悼与悲痛的仪式中耗尽精力，这些仪式曾帮助乡民社会时

---

① 参见基思·迈克尔·贝克（Keith Michael Baker），《孔多塞：从自然哲学到社会物理学》（*Condorcet: From Natural Philosophy to Social Physics*, Chicago：University of Chicago Press，1975）。J. A. N. C. 孔多塞，《人类精神进步史表纲要》（*Sketch for a Historical Picture of the Progress of the Human Mind*，London：Weidenfeld and Nicolson，1955）。

② 参见卡尔·马克思和弗里德里希·恩格斯的《论宗教》（*On Religion*，Moscow：Progress Publishers，1975），pp.38–52，"对黑格尔哲学的批判" 部分。亚伯拉罕·罗特斯泰因（Abraham Rotstein）的《颠倒的世界》，（"The World Upside Down"），发表于《加拿大政治和社会理论期刊》（*Canadian Journal of Political and Social Theory*），pp.2，2，1978，pp.5–29，该文对马克思继承路德教的宗教起源观点做了重要论述。

③ 此观点来自莱谢克·柯拉柯夫斯基的《马克思主义的主流》（*Main Currents of Marxism*，Oxford：Oxford University Press，1981），3 vols.，vol.1，p.413："人是完全由社会称谓定义的；个体存在的生理极限几乎完全不被重视。人有生死、有男女、老少、健康和患病之别；人生来就是不平等的，不论阶级划分如何，所有这些因素都会影响社会发展，并束缚人类改造世界的步伐。马克思主义极少或完全不关注这一事实。"

代的人们将个人难以承受的生者之痛转嫁给群体一起负担。然而分担
苦难只会扩散重负。当村民和亲戚离开墓地，棺木下葬入土，寡妇依
旧独自一人：在任何一种我们想得到的社群分担后，她都将是孑然一
101 身。即使在有众多分担苦难的仪式的社会中，死亡与孤独也无法割裂。

没有什么社会工程有望改变我们的现实处境，如果个体选择对这一事实视而不见的话，那么人类的精神需要就有可能被视为他们对公平和友爱的期待的一种异化形式。

我们之所以有精神需要，是因为死亡不只是我们存在的一个默认事实，它还是一个我们努力尝试理解其意义的问题。我们是所有生物中唯一这么做的。不过我们的答案是变化的，我们用以表达这些需要的会意语言亦是如此。死亡无法避免的这一事实并不会导致我们的需要无法改变。就像鲍斯韦尔无法理解休谟的死亡，我们也许还会以自身难以理解的方式遭遇死亡和苦难。

现在我们的死亡就是令鲍斯韦尔震惊的死亡，而我们依然未能理解为何会这样。我们还在尝试接受未能得到宗教慰藉的死亡意味着什么。

在这段漫长的精神空白中，我们对意义的需要即使得到了满足，也是从悲痛自身中得到的。死亡的意义在于我们如何看待它。休谟的死亡——世俗死亡——在人类情感的固有构造和自然性上孤注一掷。如果我们无法信任天堂和摆渡人卡戎，那么我们可以信任悲痛，信任眼泪天然的救赎。

但那些无法悲伤、无法感受的人又如何？从弗洛伊德为我们撰写的人类需要的秘史中，我们可以了解有多少人在没有本能情感慰藉的生活中度日。因自身的麻木而失去知觉，因自身的空虚而空空如也，他们无法悲伤，所以他们病了，来到了伯格街（Berggasse）19 号的诊

疗室。[①] 他们需要悲伤的调和，但他们面对所爱之人死亡而产生的无法言明的愉悦，使其无处可寻。

现代社会越来越信任自我的科学，以便消除需要与知觉的隔阂。 102
这些研究有助于孤独的自我了解其感受到的一切、感受其认识的一切。如此一来，这些治疗就成了情感形而上的一种表达。只有知道自己的感受，我们才能了解它的含义。如果我们知道自己的感受，我们就能承受它。

没有其他可行的形而上学了，即使这只是一种脆弱的支撑。与其所在文化提倡的相悖，有些人无法体会内心的感受，至少在一个世纪的时间里，西方文学一直在探索这类人的精神世界：包法利夫人朝着亲生骨肉的婴儿床俯下身来，低声自言自语，“上帝啊，多么丑陋的一个孩子……”；当法庭要求莫尔索（Meursault）说明他为什么会在沙滩上扣动扳机，而那把枪本不属于他，而是属于那个年轻的阿尔及利亚人时，他的内心毫无波澜。[②] 我们的文学与生活已经使我们进入了内心的空虚领域，这在休谟的思想体系中是无法想象的。

鲍斯韦尔比大部分人更加了解现代人在有所需求时，其自身所感受到的孤独。鲍斯韦尔在描述伟人的个性时，也写了他的打趣和餐桌礼仪、他的步态、他的睡眠习惯、他的咒骂和他最私密的恐惧，作为首位现代传记作家，他深入思考了生命完整性的由来。在他自己的日

---

① 西格蒙德·弗洛伊德（Sigmund Freud）和约瑟夫·布洛伊尔（Joseph Breuer）合著的《癔症研究》（*on Hysteria*，London：Penguin，1974）中的伊丽莎白·冯·R. 小姐（Fräulein Elizabeth von R.），尤其令我印象深刻。

② 参见阿尔贝·加缪（Albert Camus），《局外人》（*The Outsider*，London：Penguin，1969）。另参见康纳·克鲁斯·奥布赖恩（Conor Cruise O'Brien）的《加缪传》（*Camus*，London：Fontana，1970）。

记中，在关于他的性欲和野心的任性之路的或踌躇满志或备受煎熬的记述中，苏格拉底关于自知之明的训谕是通过最具讽刺的自欺来实现的。对休谟而言，自我认同，这个一系列知觉中的核心精髓，不过是哲学上一个有趣的学术问题。[①]而到了鲍斯韦尔这里，问题就指向了他人生这出生死大戏的核心。他一遍遍地问自己，人的重心，欲望无法撼动的承诺核心在哪，那个坚定的最后能了解他需要的点在哪。他对
103 休谟和约翰逊这些长者自降身份甚至卑微的示好，证实了他未能找到那个稳定的自我。他对各种宽恕的需要可能会让我们觉得过激，但跟休谟平静的沉着比起来，这与我们的自我怀疑更加接近。在休谟看来，鲍斯韦尔那种精神需要是一种自尊，是对超出人类能力范围的确定性的一种渴望。从这个意义上来说，这些需要是一种异化。他说过，如果我们放弃了对确定性的渴望，我们就将面对最糟的情况。但我们之中谁能做到放手呢？

① 参见休谟，《人性论》，pp.299–311。

4 市场与共和制

文明社会中，个体随时都需要众人的合作与支持，而几乎终其一生，他都难以获得几个人的友谊。

——亚当·斯密

使国民互相疏离已成为现代政治的首要准则。

——卢梭

政治乌托邦是对假想过往的一种怀旧，也是寄寓于未来的渴望。 107
每当我构想将来（并非我们正在朝之进发的那个将来）时，我总发现自己在重回旧梦。**古典城邦**（polis）的景象——古希腊城邦和文艺复兴时期的意大利——可以说它们指引着我想见未来。尽管希腊式的民主建立在奴隶制上；尽管意大利城邦就是充斥着斗争的并不公平的寡头统治。乌托邦从来无须为历史辩解；同所有的梦一样，对现实生活的沮丧，它可以永远免疫。即使从未真实存在过，**城邦**依然召唤着我们超越过去、继续向前。

城邦具备的人性化特点依然吸引着我们：它小得能让每个人都了解自己的邻里并参与城市管理，大得足以让城市做到自给自足和自我防卫；那是一个有着亲密联结的地方，在那，住宅与家族的私人领域和公民民主的公共领域相互独立但不对立；那是一个平等的社区，其中的每个人都拥有得足够多，无人会做额外要求；那是一个团结的企业，在那里工作就是平等之人的相互协作。规模精简、同心协力、推崇平等，独立自治以及自给自足，这些归属感的前提是城邦之梦对我们的赠予。

18 世纪末，提倡独立政体的古典共和理想首次面对资本主义经济在世界范围内的现实存在。1776 年漫长夏日的数月里，大卫·休谟在可以俯瞰圣安德鲁广场的房子里奄奄一息，几千英里之外，马萨诸塞
108 州的田间和小道上，美国独立战争的头几场战役正打响。美国人传承了古典共和理想，他们对经济和政治独立为个体所必需这一准则坚信不疑。在与《航海条例》(Navigation Acts) 的抗争中，他们的努力并不局限于保护沿海商人的局部利益：他们努力在一个全球性的殖民大国中，实现古典的共和理想。

同样是在 18 世纪末，欧洲对原始社会的渗透使非欧洲人不可避免地对西方商品产生了依赖，改变了他们的需求。对欧洲人来说，那些拿着兽皮和鱼来交换珠子、枪支和酒的人，就像早期的亚当，用伊甸园的丰饶与纯真换来了对善恶的无知和对贪恋的永世臣服。[1] 欧洲人

① 关于失落伊甸园的原始文化，参见 J.E. 钱伯林 (J.E.Chamberlin),《伊甸园的痛苦：白人对北美印第安人的态度》(*The Harrowing of Eden: White Attitudes toward North American Indians*, Toronto：Fitzhenry and Whiteside，1975)；作为需要创造过程的贸易联系，参见亚瑟·J. 雷 (Arthur J.Ray),《毛皮贸易中的印第安人 (1660—1870)》(*Indians in the Fur Trade, 1660–1870*, Toronto：University of Toronto Press, 1974)；以及 A. J. 雷和 D. 弗里曼 (D. Freeman) 合著的《给我们一个好的衡量方法：1763 年之前哈得孙湾公司与印第安人关系的经济学分析》(*Give us Good Measure: An Economic Analysis of Relations between the Indians and the Hudson's Bay Company before 1763*, Toronto：University of Toronto Press，1978)； 另参见马歇尔·萨林斯 (Marshall Sahlins),《文化与实践理性》(*Culture and Practical Reason*, Chicago：University of Chicago Press，1976)，ch. 3。

把他们对发展的困惑和幻灭投射在原始人身上。当洛克说“最初，所有一切都属于美洲”时，他是指美洲部落展示了自给自足的美德与幸福，在臣服于需求螺旋之前，欧洲人曾拥有过这一切。[①] 而在这种新的帝国主义背景下——欧洲人将原始人的“开化”视为他们自己的堕落史——古老的共和理想作为实现某种政体的最后良机出现了，通过使人们顺从于一个经济独立、自我约束的集体主义政治制度，这种政体可以使人们免受物质发展螺旋的束缚。

18 世纪 50 年代时出现了一场特殊的智慧碰撞，共和理想和被“看不见的手”操控的新兴世界互相交锋，对照鲜明。1756 年 3 月，格拉斯哥大学一位 33 岁的教授，尽管不算世界知名，但在朋友眼中，他是位天赋异禀、知识渊博的绅士，他向亚历山大·韦德伯恩（Alexander Wedderburn）主办的新期刊《爱丁堡评论》（*the Edinburgh Review*）匿名投稿，他在文中提醒，除非这份期刊能够超越苏格兰作家们那些“荒谬”的本土作品，将评论的覆盖面扩大至欧洲大陆引人注目的新哲学思想作品上，否则它就会有停刊的危险。[②] 当时狄德罗和达朗贝尔的《百科全书》的头几卷刚刚问世，在提及该书后，针对“日内瓦的卢梭早前的《论人类不平等的起源和基础》”，这位来信者在余下的篇幅中做了一番迟到的论述。 109

这场发生在欧洲文坛最北边的短命杂志上的小碰撞，史上知名，交手双方就是那位评论者——亚当·斯密，还有早已出名的卢

① 参见约翰·洛克（John Locke），《政府论二则》（*Two Treatises of Government*），II，49。

② 参见亚当·斯密，《致〈爱丁堡评论〉编者的信》（“Letter To Editors of the Edinburgh Review”），收录于《哲学论文集》（*Essays on Philosophical Subjects*，Oxford：Oxford University Press，1980），pp.242–256。

梭。现在看来，我们可以将其理解为首次也是仅有的一次、发生在早期资本主义社会中最具观察力的评论家与最敏锐的理论家之间的智慧交锋，尽管当时的斯密籍籍无名，但他早就在课上带领着学生进行了一系列的论证，20 年后，这些论证在《国富论》里有了最终的答案。

初看之下，卢梭与斯密的思想几乎没有什么交集。当卢梭表示“古代的政治论著向来都会涉及道德与美德；而我们的论著除了关注商业与金钱，并无更多”，他指的是某些法国的政治经济学家，但也有可能是在针对斯密。①

如果我们就此认为卢梭只谈论道德与美德，斯密只谈论商业与金钱，这不免是个误解。两位作家都坚持认为解读人类发展必须在其历史、道德与经济的维度中进行：他们的观点表明，社会科学自此已经有了分支，一方面是众多刚刚起步的“发展研究”，另一方面则是对发展的道德批判。

卢梭与斯密两人都深入自然法学的传统——深入格劳秀斯、普芬
110 道夫和洛克的作品——他们一致认为历史就是一段跌宕起伏的人类旅程，由野蛮人时代，“在有你我之分”的意识前到出现了私有财产和不平等社会阶层的现代社会。劳动的分工、剩余价值的创造、新需求的出现、私有财产的基础以及各阶层之间剩余价值的不公分配，它们之间的互相影响助推动着这段历史。

斯密认为这个盲目上升的需求螺旋使人们从天然的匮乏中解脱，仅凭此点，它就扩展了人类的自由。卢梭则视需求螺旋为异化悲剧。

① 卢梭针对的是梅伦（Melon），参见卢梭，《社会契约论》，p. 16，《论艺术与科学》。

他坚持认为人类曾置身天堂，处于历史以外的一种自然状态，在原始满足的永恒当下中尽享安然。这种自然状态之下没有也不可能有匮乏；只要人人能尽情享用自然，自然就为所有人都留足了余地。[1] 卢梭写道，只要人类仅从事个体足以完成之事，并使自身专注于这项事业，不去要求他人施以援手、共同付出，那么他们就拥有了自由、踏实与幸福的生活。换言之，一个没有盈余的社会也不会有匮乏；没有了盈余，需要就会保持欲望的节制，没有人比他人渴求更多。现今，人类学家告诉我们这是许多狩猎和采集社会的一种平衡状态：他们需要的历史就是永恒的当下。[2]

一旦自然状态之人能以一己之力满足自身需要，卢梭想不到还有什么内在因由让其与他人合作。相反地，斯密坚决主张，对人类而言，生产与交易中的社交合作完全出于人的天性，这在所有生物中是独一无二的：

> 没人见过一只狗与另一只狗公平慎重地交换骨头。没人见过什么动物可以通过动作或自然的呼声向其他动物示意说：这是我的，那是你的。[3]

他认为我们本性偏好交流，是“思考与表达能力的必然结果”。

---

① 参见《社会契约论》，p.76，《论不平等》。

② 参见马歇尔 · 萨林斯，《石器时代经济学》（*Stone-Age Economics*，London：Tavistock，1974），pp.1–39。

③ 见亚当 · 斯密，《国民财富的性质和原因的研究》，即《国富论》（*An Inquiry into the Nature and Cause of the Wealth of Nations*，Oxford：Oxford University Press，1976），I.ii.2。

111 伴随交换，专业化和劳动分工随之而来。[①]因为工作趋于专业化，所以人类开始意识到自身独具的能力：创造盈余，解除天性对匮乏的限制，从而将它的欲望从需要的束缚中释放出来。

盈余又导致了财产的产生：生产资料的逐步个体化。随着人类从狩猎和采集的阶段过渡到定居农业时期，他们被划分为有产者和被迫出卖劳动力者。[②]不论斯密和卢梭对人类社交的起源做出怎样不同的解读，有一点他们是一致的，他们都视劳动分工的历史为人类经济不平等的历史。斯密引述了卢梭在《爱丁堡评论》发表的文章中的一段，卢梭明确阐述了劳动分工与不平等之间的联系：

> 从人类意识到需要他人帮助的那一刻，从他意识到一个人在拥有双人份的供给后就能获利时，公平谢幕，私有财产现身，劳动力变得不可或缺，自然的广袤森林变成了宜人平原，它离不开人类汗水的浇灌，在那里，世界见证了奴隶制的产生，苦难开始滋生壮大，结下累累恶果。[③]

---

① 对照卢梭关于社交性与语言的观点："不论语言和社会源自何处，自然对聚合彼此需要的人们、促进言语交流毫不在乎，至少这可以证明她对加强人们的社会性、在人们为建立联盟纽带所做的努力中，帮助甚少。实际上无法想象，为什么在这种原始状态下，比起一只猴子或者一头狼对其同类帮助的需要，一个人对另一个人帮助的需要会更为迫切；或者就算我们认可了他这种迫切的需要，什么样的动机能使另一个人愿意协助呢，他们如何才能把条件商定一致，这仍旧无法想象。"出自卢梭，《论不平等》，p.63。另参见《论语言的起源》（*Essai sur l'origine des langues*，Paris：Bibliothèque du Graphe，1981），1817 年巴黎版重印版。

② 参见《国富论》，V.i.b.i；LJ(B)10；LJ(A)iv.21。

③ 参见卢梭，《论不平等》，p.83。

对这段内容的驳斥，在《道德情操论》中有直接的阐述，在斯密评论卢梭的文章发表前，他就已经在课上将该书的内容向学生进行了讲授。他承认有产者在需要之外产生的想拥有更多的欲望是一场骗局：幸福与拥有多少并无关系。不过“自然用这种方式影响我们也是件好事。正是这种欺骗不断地激发人们做出努力、保持努力”。在措辞与前文对卢梭的引述十分接近的章节中，斯密继续说道：

> 正是它率先激励人们开垦土地、建造房屋、创建都市与 112
> 国家，并创立、发展所有的科学与艺术，使人类拥有高尚丰富的生活；正是它彻底改变了地球全貌，将自然的荒蛮森林变成了宜居富饶的平原，使罕有人迹的荒凉汪洋变成了生命的宝库、地球上不同国家间交流的阳关大道。[①]

但是这为人类积累财富的欲望唱起的赞歌，要如何与不平等的现实保持和谐呢？造物的狡诈，是如何将人类潜在的过剩的腐朽欲望转化成供给匮乏之人所需的一种手段呢？斯密继续解释：

> 富人只会从最好、最适合的部分中进行选择。他们消耗的并不比穷人多多少，尽管他们天生自私与贪婪，尽管他们只是为了与己方便，尽管从成千上万雇工的劳动中，他们唯一想得到的就是自身虚荣与无尽欲望的满足，他们还是将自己所有的发展成果与穷人共享。“看不见的手”引导着他们对

① 参见《道德情操论》，Ⅲ.3.30。

> 生活必需品做出近于等量的分配，如果地球能够被平均划分给它的居民们，那么这种分配早就实现了，因此在毫无意识、未曾察觉的情况下，富人提升了社会利益，为物种的繁衍创造财富。[①]

关键时刻，“看不见的手”首次出现在斯密的作品中：就在他阐释人类发展是如何通过给赤贫者提供充足的物资来协调社会不平等的段落中。在《国富论》中，这一论点依然是斯密捍卫现代性的关键。就在该书的首页，在“简介与全书设计”中，他表示在“未开化的渔猎民族中，每个具备劳动力的个体，都或多或少地从事有益的劳动”，而在“文明发达的国家里，许多人完全不劳动”；然而前者往往“如此赤
113 贫，以至于仅因为贫穷，他们往往沦落到……有时候不得不杀害婴孩、老人和长期受疾病折磨的亲人，或者任其饿死”。另一方面，在文明社会，“全社会劳动力有如此巨大的产出”以至于贫穷的劳动力能够撑起非生产性劳动者的重负，且其享受到的“生活必需品与便利比任何一个野蛮人可能得到的份额都要多”。[②]

为什么不平等的现代商业社会应该同时具备对穷人的最低限度的分配公正，又是为什么，在更平等但落后的社会中，穷人会面临饥饿，这是《国富论》要着手解答的核心问题。从亚当·斯密的早期手稿中可以发现，18 世纪 50 年代时他就已经在思考这个问题，当时卢梭刚好在为一个相反的主张前所未有地激昂辩护：在商业社会中“少数的特权阶

---

① 参见《道德情操论》，Ⅳ.1.10。
② 参见《国富论》，(1).4。

层……将富余之物狼吞虎咽，而饥饿的大多数却缺少最低限度的生活必需品”。[1]

斯密的劳动分工观点解释了为什么商业社会中的穷人的生产性劳动会有如此大幅度的增长，以来供养他们自己和大量的非生产性劳动力（官吏、专业人士、艺术家、常备军和政府）。每小时生产率的提高避免了贫富之间的分配矛盾变成一场零和游戏：虽然经济增长无法让劳工国民收入中的**相对**份额提升，但是他的**绝对**分配份额的确上升了，所以，跟同社会的富人相比，不论他的舒适标准显得多么朴素，它都已经胜过了“众多无条件地掌控着上万赤身野蛮人生命与自由的非洲国王”的标准。[2]

迄今为止，斯密的论点为现代资本主义做了最根本的辩护：只有私有财产制度才能为技术创新和经济发展提供必要动力。私有财产制度必然是不公平的，而个人财产创造的经济增长甚至能使最贫困的群 114
体也过上体面的生活。资本主义战胜了贫乏，因此它是唯一可以涵盖人类自由所有条件的生产制度。

但是卢梭深刻认识到，正是将人类从自然匮乏中解放的进程转而使他们受困于社会匮乏。正是掌控自然的私有财产制度导致了社会不平等，不平等又引发了激烈的竞争。因此发展的历史就是人类用社会异化取代自然异化的历史，与自然世界的斗争变成了与同类的竞争。

---

① 参见卢梭，《论不平等》，p.105。

② 参见《国富论》，I.i.11。这些章节的解读来自我与伊斯特凡·洪特的合作论文《〈国富论〉中的需要与正义》（“Needs and Justice in the Wealth of Nations”），出自我们的合著作品《财富与德性：苏格兰启蒙运动中政治经济学的发展》（Cambridge：Cambridge University Press，1983），ch.1。感谢我的同事伊斯特凡·洪特，他对我认识斯密作品及其背景帮助良多。

与人们可能猜想的不同，卢梭并不反对社会富足，不过他坚持认为这样的社会永远不会具备德行，而且除非这种富足是均等的，否则它的成员无法与自身和他人达到和谐。① 如果奖励有产者是“看不见的手”在历史中不受约束的趋势，那么现代政府的首要任务便是“防止极端的财富不均”。政治必须纠正历史这种天然的不公。

卢梭的再分配政治理念向来谨慎。他放弃了财产遗赠的权利，他说过，没有什么“比公民之中阶层与财富的持续转移对道德与共和制更为致命”。② 因此当伏尔泰在《论人类不平等的起源》的空白处愤慨而潦草地写下“什么！一个栽种、播种、围过栅栏的人，却无权享用自己的劳动果实。怎会如此！”③ 时，他已经误解了卢梭。正如卢梭阐明的，正义离不开应用法律时的绝对平等：为了其他人的利益而占有某些人的财产，会破坏这项规则。“君主无权染指个体或群体的财产”，因为只有在法律能有效约束它规定范围内的每个个体时，公共意志才
115 算是公正地法律化了。④ 这样做的话，最后只剩下一种可能：“公共意志可以合法占有所有人的资产”。但是即使是这种形式的财产再分配，也要奉行组成公共意志的个体间的绝对平等。卢梭并未考虑到社会主义这个选项。

---

① 参见 1753 年，针对波兰国王对《论艺术与科学》的批评，卢梭所做的回应：“富与穷是两个相对的词语：人人平等之处，便无富有与贫穷之分。”引自罗伯特·沃克勒（Robert Wokler）的文章，收录于 S. 哈维等人的作品《重评卢梭：研究谨以纪念 R. A. 利》（*Reappraisals of Rousseau: Studies in Honour of R.A.Leigh*，Manchester：Manchester University Press，1980），p.268。另参见《社会契约论》中的关于“社会公约”的部分，p.231（Ⅲ，ix）。

② 参见卢梭，《社会契约论》p.139，关于“政治经济学”的部分。

③ 引自莱斯特·G. 克罗克（Lester G. Crocker），《让－雅克·卢梭传》（*Jean-Jacques Rousseau*，2vols.，New York：Macmillan，1974），vol.1，p.271。

④ 参见《社会契约论》，p.302，关于“爱弥儿”的部分。

卢梭解释，唯一公平的再分配措施是针对财产与收入的人头税，就像奢侈品税一样“完全与个人情况相称”。[①]税收提高了富人购买奢侈品的价格，但不会损害他们在“无意义的暴利艺术品”上挥霍自己多余财富的自由。这些税收基于道德与政治：目标是为了“减轻穷人负担”并“将负担转嫁给富人”；为了弱化“不公平差异”的诱因；为了防止有害民主共和政体的不平等不断蔓延。卢梭跟斯密都认为不平等是历史惯有的发展方向，是“事物的自然进程”，不过与斯密不同，卢梭相信法律与政治能够阻止这一进程：“环境的力量往往会不断地破坏平等，正因如此法律的力量应坚持对其进行修复”。[②]

卢梭认识到，面对财富不均，只有当人类群体能够民主地确定某种形式的集体约束时，他们才能成为自己需要的主人，而非欲望的奴隶。反过来，这些约束也是民主自身和公民平等的必要经济前提，没有前者，就没有真正的公正。如果这就是乌托邦，要实现它有多难，卢梭不会比其他人了解得少：

> 这样的一个政府[一个民主共和国]预设了多少难以兼
> 备的条件！首先，得是一个非常小型的国家，人们可以快速
> 聚集，所有国民轻轻松松就可以了解彼此；其次，要有相当
> 淳朴的风尚，以免产生各种繁重的事务或引起棘手问题（这
> 些问题必须委派专家解决）；接着是在更大程度上保障阶层与
> 财富的平等，否则权利与权力的平等就不能长久维持；最后， 116

① 参见“政治经济学”部分，p.146。
② 参见“论社会公约”部分，p.204（Ⅱ, xi）。

少量或根本就没有奢侈品——因为奢侈品不是来自财富，就是使财富变成必需品——它可以同时使富人与穷人堕落，富人是因为财物，穷人则因为贪婪；它将国家出卖给软弱与虚荣，夺走其所有国民，让他们一个接一个地全部成为舆论的奴隶。[1]

卢梭尽力协调这个承袭了“古老美德契约”的乌托邦与“商业和金钱”的现代表达的关系。为使乌托邦根植于一个资本主义日益占据主导地位的世界中，卢梭在《政治经济学》中做了最为深刻的尝试，书中与资本主义抗衡的每一项新措施都让他的乌托邦变得更具强制力。商品，不论进口与国产，都必须被征税以来遏制奢侈品潮流，这也是为了阻止人口与资本从农业到商业、从乡村到城镇的大量流失。如果共和国意图防止失业、动乱，防止经济财富在各阶层中、在农工业之间的转移，那么它就不得不禁止机器的进口与生产。只有牺牲自由，才能保持原状，维护美德。[2]

卢梭承认，自身农业资源匮乏的国家必须用制成品交换粮食。然而这种贸易必须维持在最低限度。只有商业寡头能从国际贸易中受益，

---

① 参见“论社会公约”部分，p.217(Ⅲ, iv)。

② 卢梭对机械化的反对意见参见“政治”(“Fragments Politiques”)部分，收录于《卢梭全集》(Paris：Gallimard，1961)，vol.3，p.525；城乡分工参见“政治经济学”部分，p.149。当然，重农学派经济学最为关注的是平衡农业与制造业的生产活动。参见 R. L. 米克（R. L. Meek），《重农经济学》(*The Economics of Physiocracy*，London：Allen and Unwin，1964)；伊丽莎白·福克斯－杰诺韦塞（Elizabeth Fox-Genovese），《重农学派的起源：18 世纪法国的经济改革和社会秩序》(*The Origins of Physiocracy: Economic Revolution and Social Order in 18th century France*，Ithaca，NY：Cornell University Press，1976)。斯密对城乡分工的分析，参见《国富论》，Ⅲ, i.i。

而国际贸易会损害维持共和政体的财富均等。[①]

卢梭再次寄希望于共和制的政治可以阻挡历史的包围大潮。只有一切改变了——当法律的介入压制了正在兴起的不平等——一切才能保持原样。[②]然而卢梭发现，当一些公民必然会从贸易和奢侈品中获益时，寄希望于他们的直接民主来确保共和政体不受影响将注定是失败的。因此卢梭的作品总是在反复呼吁一些具备德行的智者和政治家，这些人可以拯救公民，修复因触及资本主义秩序而受到损害的平等。 *117*
换言之，如果共和政体想要在资本主义世界抵挡“需要螺旋”，那么它不得不在立法者手中赌上自己的自由。

如果说国际贸易的冲击是共和政体的外部威胁，那么其国民将自己的公民职能让渡给国家公务员，则是其内部威胁。[③]国家官僚政治会使国民与自己的职责分离：私人领域与公共领域的隔阂就此出现。

卢梭认为，现代国家的出现是需要的历史不可或缺的一部分，是奢侈品与不平等的必然结果。国家的出现是为了在穷人贪婪的忌妒前，保护富人的财产，一旦建立起这样的国家，平民日益痴迷奢侈品而放弃的职能，就会被它持续吸收。因此国家的历史，就是人类丧失昔日完整本性的异化史的一部分。人类对自然的掌控日益增强，他们选择将一些诸如防卫的工作委派给受过训练的专业人士——警察和常备军。他们没有因为从自然需求中逐步解放而丰富自身本性：为了可能的私

---

① 参见卢梭，“论社会公约”部分，p.205（II，xi）。

② “只有一切都改变了，一切才有可能保持原样”，这句话引自 T. 迪兰佩杜萨（T. de Lampedusa），《豹》（*The Leopard*，Milan：Fetrinelli，1963）。

③ 感谢约翰·波考克，使我得以了解 18 世纪思想在公民人格、国家发展和社会分工细化这些主题之间所具备的互联意识，参见其作品《马基雅维利时刻》，ch.5。

人利益，他们牺牲了高尚消遣和公众参与国家生活的可能性。[①]

随着投入个人经济事务的时间的增加，国家规模也扩大了，而劳动时间的缩减，并不会增加公民可自由活动的时间：自由时间又被用于寻找节约时间和提升收益的新途径。这是卢梭回应斯密问题的核心所在，斯密认为劳动分工的生产率不仅使人类从基本需求的负荷中解
118 放，同时也减少了他们在满足自身需要时花费的时间。对斯密而言，这些时间的节余是历史性的新自由的关键：无须克制欲望的余暇。对此，卢梭用自己的观点进行了反驳：现代繁荣带来的自由时间只是海市蜃楼——它完全被消耗在对无意义事物的虚幻追求上。真正的自由并非臣服于日后所谓的“商品拜物教”，而是参与城邦共和国（res publica）的事务。

总体而言，为了捍卫在新兴资本主义经济下的国际劳动分工中建立一个人人平等的共和国的可能性，卢梭的作品做了最为深远的尝试。它代表了在“古老美德契约”的传统下，即约翰·波考克所谓的“马基雅维利时刻”，任何一个思想家为了反对新的“金钱与商业契约”构想的未来而做的最持久的努力。

任何一个主要通过进口奢侈品税和国内制造品税来限制需要，从而努力保持平等和美德的国家，到最后都会损害经济发展，而正是这些税费确保了国家一直以来可以满足其贫困人群的需求——要证实这一点，正是斯密回应卢梭及其使用的共和主义表达时的主要难点。如果生产力的提高依靠的是劳动分工，而劳动分工的程度相应地取决于市场大小，那么最大限度退出国际市场和劳动分工的共和主义经济最后就会付

① 参见卢梭，“论社会公约”部分，p.231（Ⅲ, ix）。

出停滞、衰退和贫困的代价。[①]那些古代的还有现代的经济政策体系（他所指的既是重农主义者，也是古代的共和主义者），“在所有职业中，它们都偏好农业，为了推动农业发展，它们对制造业和对外贸易加以限制，行动与其设想的结局背道而驰”。[②]繁荣的农业离不开城镇人口的旺盛需求，他们依赖现金购买食物。抑制城镇制造业的发展只会阻碍农业的发展：农村的萧条会取代农村人口的锐减。制造品的税收和关税越昂贵，农民的购买量就越少，他们种植食物的动力就更小。斯密得出了一个著名的结论，一并否定了共和主义和重农主义经济： 119

> 因此所有的制度，不论是特惠的还是限制性的，一旦被彻底废除的话，天赋自由明确简单的体系就会自主建立起来。只要不去违反公正的法律，每个人都能完全自由地追求自己的志向与人生，以其劳动和资本与他人或其他阶级一较高下。[③]

在共和制度下所有法律允许的自由共同涉及的领域中，在“看不见的手”这个无情的俗世神意下，斯密捍卫着国际市场与生俱来的自由。斯密坚信，通过立法使“事物的自然进程”归于有序的尝试，其结果将是有悖意愿、有违预期的：有悖意愿是因为他们未能预期实现经济目标，是因为立法干预伤害的正是共和主义誓要捍卫的财富自由。

只有一个陌生人的社会，一个社会关系迂回、依赖媒介沟通的社

① 参见《国富论》，I.ⅲ.1–8。
② 参见《国富论》，Ⅳ.ix.49。
③ 参见《国富论》，Ⅳ.ix.51。

会，才会具备进步的动力。只有通过授权、专业化并将自我限制在最小的闭合环境中，社会才能实现由蒙昧到文明的转变。[①]共和主义理想的笃志者和共产主义共和国是崇高的，但他们要抵制诱惑，这与资本主义世界的现实是矛盾的。[②]

很明显，斯密并未止步于此。他为陌生人社会的凝聚力深感忧虑，因为通过劳动分工，每个人的身份地位有别，加之每个阶层内部也有分化，这让他们无法调和身为生产者和公民、公共人和社会人的多重
120 角色。[③]然而在他看来，解决这个问题只能寄希望于更细化的劳动分工：要形成一个教育体系，雇用精通军事和公民教育的老师任职。只有通过教育再次形成共同信念，才能重筑因劳动分工而瓦解的社会联结。显然公民美德的忠诚是“看不见的手”无法替代的。一个陌生人组成的市场社会，缺乏了解自身整体利益的途径——因此它唯一容易引发内讧与纷争的弱点就存在于经济利益中。[④]

卢梭提出控制共和国的体量，以使每个国民对利益一致性都能有明确认知，这个方法可能忽视了民族国家当下的地理存在和国际劳动

---

① 对于斯密的政治主张，及其对共和主义所承担角色和公民人文主义的思考，唐纳德·温奇（Donald Winch）的《亚当·斯密的政治学：编史学修正之文》（*Adam Smith's Politics: An Essay in Historiographic Revision*，Cambridge：Cambridge University Press，1978）是最佳研究。另一篇对斯密政治学的出色研究是邓肯·福布斯（Duncan Forbes）的《科学的辉格主义：亚当·斯密和约翰·米勒》（“Scientific Whiggism：Adam Smith and John Millar”），发布于《剑桥杂志》（*Cambridge Journal*），Ⅶ（1954），pp.643–670，该文强调了英国政治意识形态为其本源，而非文艺复兴中的公民人文主义；另参见《怀疑论的辉格主义：商业与自由》（“Sceptical Whiggism，Commercial and Liberty”），出自 A. S. 斯金纳（A. S. Skinner）和 T. 威尔逊（T. Wilson）主编的《论亚当·斯密》（*Essays on Adam Smith*，Oxford：University Press，1976）。

② 参见《国富论》，V.i.a.15。

③ 参见《国富论》，V.i.f.51。

④ 参见《国富论》，V.i.f.50。

分工的逻辑性。不过，斯密提出的推行公民教育的解决方法，也只是一厢情愿，它完全就是在赌陌生人能否形成一种关于公民责任的共识。

对商业社会中公民美德的未来，为什么卢梭的评估竟比斯密的悲观如此之多，要厘清此点，我们需要回到他们在人际交往心理学上的根本分歧。市场化的社会中，他们一致认为美德最常见的威胁来自妒忌与跟风，以及使人自我疏离、彼此疏远的不公平差异。卢梭认为没有盈余的社会，妒忌就会缺席。基于自我保护的本能，人类天生就具备了**自爱**（amour de soi）、自知与自尊。这些自我意识是自发的，因为与生俱来的平等使人类失去了与任何一个人对比满足感的动机。但是随着盈余出现、欲望摆脱普遍同等需要的束缚，人类丧失了**自爱**天性，反之在与他人的比较中认识自身。他们的个性转而根植于**自恋**（amour propre），根植于在与他人的比较中获得的充满挑衅、好胜的自我认识。斯密曾引述并评论的《论不平等》中著名的一段，其中卢梭这样写道： 121

原始人活出了自我；社会人却总是自我迷失；只能活在他人的眼光中，如果可以，我想说他人的评价是他们感知自身存在情绪的唯一来源。[①]

为了在劳动分工下生存，人类彼此之间形成了一种历史依附，这

① 参见卢梭，《论不平等》，p.104。关于卢梭真实性的主题，参见马歇尔·伯曼（Marshall Berman），《本真性政治学：激进个人主义与现代社会的出现》（*The Politics of Authenticity: Radical Individualism and the Emergence of Modern Society*，New York：Athenaeum，1970）；另参见 J. N. 施克莱（J. N. Shklar）的《人与公民——卢梭社会理论研究》（*Men and Citizens: A Study of Rousseau's Social Theory*，Cambridge: Cambridge University Press，1969），该书对卢梭的政治和道德理论，以及与其人格的关联，做了最出色的全面研究。

使他们从骨子里受困于他人的评价。[①] 这种互相依赖的病态在于每个人都深陷于“没有终点的野心和渴望提高自己的相对财富的热情，这些更多的是为了让自己胜人一筹，而非出于真正的现实必需”。因此市场关系好比一场口是心非的表演，其中之人之所以会满足他人需求，只是为了达成他们优于对方的欲望：

> “是”和“好像是”，两者全然不同；这种差异里结出了扎眼的卖弄、骗人的诡计和所有垂青他们的恶习。

“没有什么会像依附那样使思维腐朽、衰弱和堕落，也没有什么可以如自由与独立那般带来如此高尚与宽厚的正直理念。”在这点上，斯密与卢梭想法一致。但斯密认为，正是在关键的市场交易中——劳动力买卖——劳苦大众能够自由地为自己的报酬订立契约，离开恶劣环境去寻找更好的回报。正是商业消除了恩赐、农奴制和委托关系这种封建时代的依附关系。[②]

不过这种自由价值何在呢，卢梭可能已经给出了答案，如果穷人只渴望富人拥有的，如果他们无法区别需要与拜物呢？非常直观的，别人想要什么，我就想要什么。但是斯密坚持这忽略了人类自我控制
122 和自我分离的能力。人类可以区分*自恋*与*自爱*，并照此行动，在“人类社会激烈的争夺”[③] 外保持高尚的超然。而“博学正直的少数人”能够

---

① 参见卢梭，《论不平等》，p.86。另参见斯密，《道德情操论》，p.252。
② 参见斯密，《国富论》，P.333。
③ 参见斯密，《国富论》，P.263。

做到的事情，普通人亦可。

这是意志的语言，是斯多葛主义的语言——然而它使斯多葛主义的前提与斯多葛主义最为狂热的拥护者产生了分歧。就像许多学者指出的，斯多葛主义者认为，人以其意志、而非激情区别于其他生物，这一定义融合了卢梭所有的思想。① 他在《论不平等》中这样写道："自然向所有动物发出指令，畜生听从了她的指示。人类感受到了同样的冲动，但同时他们清楚自己有顺从或者终止的自由。"② 确实，只有在人类的社会世界，择善的能力才有用武之地，而不是只会遵循本性。③ 在我们的语境下，只有当人可以在自己的需要和欲望之间做出选择时，他才是他自己。

卢梭对人类是如何成为需求螺旋奴隶的阐述，是第一个专门针对虚假意识的现代理论，它率先吸收了斯多葛主义中关于道德腐败的古老论述，并将其与现代资本主义社会的经济环境——不平等、贪婪的忌妒还有劳动分工——联系起来。斯密的回应是后来所有针对虚假意识的批判典范：如果人是意志生物，那么他们可以选择；如果他们可以选择，他们就能通过学会从一个公正旁观者的有利视角来评判自己的言行，从而与"人类社会激烈的争夺"保持距离。④

卢梭与斯密在1756年的这场交锋，是留给19世纪的政治选择中最重要的遗产，通过文艺复兴，它又传递给了我们。这是一个在两种政治立场、两种不同乌托邦之间做出的选择。在这两种情况下，我们

---

① 参见斯普林伯格，《人类需要与文明批判》，pp.36–43；另见J. 斯塔罗宾斯基，《让－雅克·卢梭：透明与障碍》（*Jean-Jacques Rousseau: la transparence et l'obstacle*, Paris：Plon，1958）。

② 参见卢梭，《论不平等》，p.54。

③ 参见卢梭，"论社会公约"部分，p.177（I.viii）。

④ 该观点来自斯普林伯格，《人类需要与文明批判》，p.119。

之所以必须提到“乌托邦”，是因为比起卢梭的共和理想，斯密的“天赋自由体系”未对这个世界的过往有更多描述。

123 卢梭的乌托邦是一个需要共和国，是一个通过民主来限制其规模、其与外部世界的联系的社会，最重要的是，在那里，通过国民国内消费，其减少了不平等、忌妒和竞争。为了社会团结、公民美德，还有社会生活高于个人生活的地位，在一整套对需要的民主限制中，它遏制了欲望。这么做也有代价。一个社会如果遏制公民的经济欲望，凭借自给自足在国际劳动分工中保护自己的政治诚信，努力使财物与收益的分配成为集体选择的事务，那么它就面临着经济停滞的风险。这些社会还有可能无力满足公平社会的首要条件——满足所有人的基本需求。此外，要遏制不平等和提升公民美德就必须控制个人欲望，这可能会伤害自由，但这也是共和政体的*存在意义*（raison d'être）。

按照卢梭的理解，在需要的共和国中，只有当个体服从的约束是受自身意志驱使、自主选择的，公民才能获得自由。在这样的社会里，只有当每个公民都赞同时，少才能是多。这样的一个共和国，需要每个公民英勇展现斯多葛式的自制力：想要保持真正的自由，每个人都要发自内心地认同集体意志克制欲望带来的束缚；在面对相较其他人而言，对自己更有吸引力的激情时，每个人都必须加以拒绝。卢梭寄希望于公民平等的实践自身能够消除相互竞争的诱惑。美德会成为天性，即美德完全地社会化，这是因为社会应该消灭忌妒的诱因。卢梭并不试图掩盖他的乌托邦对公民美德的强烈要求。如果他们放松防范，如果他们将德行的选择托付于他人，如果他们放弃对自身激情与政体所具有的主权，那么共和国就会放弃自由。在对需求的专制中，它就走向了终结。

124 如果说卢梭是在为一个需要的共和国辩护，那么斯密则将未来社会设想成了一个以欲望的无限膨胀为经济动能的集团。斯密认为，不论是自然匮乏还是欲望得到满足，都没有可能来限制人类无尽的物欲和这个系统的供给能力。① 某种程度上，斯密预见到了商业经济扩张带来的马尔萨斯极限问题，并用劳动分工理论驳斥了它们。② 只要每人在单位时间内的生产率能够与人口保持同步增长，市场可以继续在全球扩张，这些人口和生态的约束就可以被无限期后延。斯密强调，扩张与衰退的循环曾使早期的生存模式、先前的帝国走向终点，但商业社会特有的历史特质是它从来不会受此影响，因为当劳动分工扩大至世界市场时，持久的经济扩张在人类历史中第一次成为可能。③ 商业社会——人类社会发展的第四个、也是最后一个阶段，是人类历史进步的典范，随着第一批采猎者的出现，它在历史的迷雾中拉开了序幕。

市场社会不会有停滞与退步的危险，但是它会为不平等、忌妒与竞争所累，共和政体就避开了这些特性。资本主义社会也许会用公共自由换取个人自由，用积极的公民身份换取个体享受财产的消极的私人自由。④ 从这个意义上来说，如果在一个共和国中，对自由的需求有

---

① 参见《国富论》，V.ii.k；《国富论》II.iii.28："……尽管总体上沉着冷静，但我们改善自身处境的欲望生来有之，并伴随我们直至死亡。在生与死之间，恐怕没有一瞬间，人类会对自身现状感到完全彻底的满意，进而不再期待任何变化与进步。"

② 参见《国富论》，I.viii.23–27；托马斯·马尔萨斯（Thomas Malthus）对斯密的评价，见其作品《人口论》（*An Essay on the Principle of Population*，London：Penguin，1970），ch.XVI。

③ 参见《国富论》，II.iii.36。

④ 参见 J. H. 赫克斯特（J. H. Hexter）的《J. G. A. 波考克的共和国、美德、自由和政治宇宙》（"Republic，Virtue，Liberty and the Political Universe of J. G. A. Pocock"），出自其作品《论历史学家》（*On Historians*，London：Collins，1979），pp.255–303；另参见 J. G. A. 波考克的《权力与财产：自由起源的问题》（"Authority and Property：The Question of Liberal Origins"），出自 B. C. 马拉蒙特（B. C. Malamont）主编的《改革之后：谨以纪念 J. H. 赫克斯特》（*After the Reformation：Essays in Honour of J. H. Hexter*，Manchester：Manchester University Press，1980），pp.331–354。

退化成对专制的需求的风险，那么市场社会的自由就有可能堕落成富人的暴政。

最终，斯密必须对乌托邦参与者的德行做出和卢梭一样严厉的要求。只有全体公民可以做到斯多葛式的自制，市场社会才能保持自由与德行。没有这种自制力，竞争就会变成一场充满欺瞒的争夺，政治
125 就是派系的斗争，而治国则是富人的独裁统治。斯密是乐观的，但这种乐观主义是建立在斯多葛式的期望上的，即人类能够占尽优势，每个人都能保持区别“想要”与“需要”的能力。

在一个公民共同体中，我们如何才能选择自己的需要，卢梭之后，马克思的著作对这个问题做了最佳的现代阐释。[①] 他对共产主义未来的设想来源于自由主义的假设，这与斯密相似：未来社会不应抑制成员的需要。专制的需要会将人类发展局限在“原始共产主义”和强制平等的囚笼中，处于停滞、原始的水平。[②]

人类发展的任务是提高劳动生产率，使人类摆脱基本需求的枷锁，迎接欲望的自由选择。在资本主义社会，因为不断提高的劳动生产率，最贫穷之人得以从基本需求中解放，但代价是他们由此沦为雇佣劳动与商品崇拜的奴隶：只有富人与有产阶级享受到了发展允诺的劳动解

---

① 卢梭与马克思的关系，参见罗伯特·沃克勒，《卢梭与马克思》（“Rousseau and Marx”），出自戴维·米勒和拉里·西登托普共同主编的《政治理论的本质》（*The Nature of Political Theory*，Oxford：Clarendon Press，1983），pp.219–246；另参见 G. 德拉·沃尔佩（G.della Volpe），《卢梭与马克思》（*Rousseau and Marx*，London：Lawrence and Wishart，1978）；卢西奥·科莱蒂（Lucio Colletti），《从卢梭到列宁》（*From Rousseau to Lenin*，London：New Left Books，1972）。

② 参见卡尔·马克思的《1844 年哲学和经济学手稿》（“Economic and Philosophical Manuscripts of 1844”），出自其与弗里德里希·恩格斯的《文选》（*Collected Works*，London：Lawrence and Wishart，1975），vol.3。感谢阿格妮丝·赫勒的《马克思的需要理论》对这些章节所做的评论。

放。像亚里士多德和所有研究古典公民身份的哲学家一样，马克思相信只有当人类可以享受闲暇、自由主宰人生时，他们才算是公民，才可以超越私人存在与公共存在的分歧，找回他们全部的人类能力，即“类存在物”(species being)。[1]

那么为了所有人都能重回公民行列，这个离间人类的商品崇拜和雇佣劳动的上升螺旋该如何打破呢？现代工业的生产能力受困于私有制关系下的过度消费、竞争和资源错误配置，马克思相信通过在集体所有制下确定生产方式，通过引导人们去满足世间未被满足的需要，共产主义社会可以释放这种生产能力。实际上，如果资本主义生产在减少劳动时间和满足商品需求上已经到达了自身能力的极限，那么社会主义革命就具备了道德与历史必要性，马克思的《政治经济学批判大纲》尤其强调这一点。[2]一旦摆脱了资本主义的束缚，社会主义下的 126
生产方式会变得十分高效，从而满足所有未得到回应的、显著的商品需求，生产所需的劳动时间也会逐步减少。

马克思相信，现代资本主义制度惊人或者野蛮的生产力中，存在一个创建新乌托邦的引擎，这个新的乌托邦可以超越对个人消费的限制，以及对“奢侈”的鄙夷——这是古典共和理想的核心。事实上与卢梭一样，马克思认为，对奢侈——即物质消费——的私有化和攀比心是阶级不平等之下社会匮乏的结果。消除不平等，提高劳动生产率，

---

① 参见卡尔·马克思，《政治经济学批判大纲》(*Grundrisse: Foundations of the Critique of Political Economy*, London：Penguin，1974)，p.401。

② 参见卡尔·马克思，《政治经济学批判大纲》，pp.401–409。向凯特·索珀，《论人的需要》，ch.5，对该书章节所做的评论致谢；另参见 C. 卡斯托里亚迪斯（C. Castoriadis）的《迷宫中的十字路口》(*Crossroads in the Labyrinth*，Brighton：Harvest Press，1983)，pp.260–340。

这样可以满足所有人对商品相对的或绝对的需求。有了充分的物质满足，私人利益与公共利益已有的对立就能被超越：自然而然地，人们的欲望会从物质领域转向更高的德智修养和社会主义公德心领域。

为调和斯密采用的生产主义者视角和卢梭采用的政治视角而做的这次尝试，目标是希望消除人类需要的矛盾，而古典乌托邦理想至少有勇气承认这种矛盾的存在。我们的需要并不互补：我们对家人、家园和私人财产的需要与我们对公共物品的需要存在冲突。之前的共和主义视角发现了这个冲突，并将斯多葛式的意志作为政治美德的核心。在自我可以得到无限发展的社会主义天堂里，需要最根本的矛盾消失在生产力大幅提高的憧憬中。

127 如果按照马克思的假设，人类需要在本质上就是非恒定的，那么对商品显著的需求就不太可能出现饱和，人类的需要螺旋也可能不会将能量从商品领域转移到自我修养上。在许多方面，斯密与卢梭一致认为人类需要是历史性的。斯密对人类发展的展望中，他不认为将来人能获得解脱，也不认为在掌握生产资料后，人能实现自我超越。发展只带来了一个还不明确的好处：在需要与欲望之间，个体拥有了更多的选择自由。它无法允诺一个未来，那时的人类能够卸下斯多葛式选择的重负。

然而，真正掌控社会需要的国家在哪儿？只有少数国家能够在一
128 定程度上控制对国际经济的依赖程度。一些前殖民地国家，他们努力想要实现欧洲主人教给他们的自主之梦，但从一个位于帝国优惠区的殖民地到身处残酷国际市场的独立国的转变，的确降低了他们满足国民基本需求的能力。曾经，他们的农业足够多元化，可以满足国民需求，但现在他们的经济十分危险地依赖单一栽培，依赖出口经济作物

或原材料，来换取国际货币。[1] 结果，他们的人民更加无法摆脱国家贸易中无情的仲裁者——汇率和商品价格。

在 18 世纪政治经济学提出的自由贸易乌托邦中，贫穷国家被认为应该在国际市场中利用它们廉价劳动力的相对优势，不遗余力地提升经济实力，这是国家自治所必需的。[2] 现实中，只有帝国主义强国自身和富裕国家实现了这个国际经济经典模式所指向的理想：自治、独立和经济控制权。经济和国家独立的共和主义之梦，需要依靠所有属于帝国主义的暴力和统治才能实现。

因此，斯密最先认识到这是个悖论，即现在满足了我们需要的经
济已经实现了全球化，但我们要求我们去控制这些需要的增长速度和 129
发展方向的政治体制却依然是国家性的。即使是强大的帝国霸主，也无法逃脱全球化的“看不见的手”对他们的主权发起的挑战。在一个相对优势和稀缺的生产要素不断变化的世界市场中，资本主义经济唯一重要的能力——预测未来的能力——已经被明确地限制了。“看不见的手”这个比喻同样暗示了：它决定的命运事后才知；它采取的行动无法预测。

经济全球化是一种人类制度，正像 18 世纪伟大的史学家詹巴蒂斯塔 · 维柯（Giambattista Vico）告诉我们的，人可以领会、掌控什么，

① 发展政治学的一个新观点是努力提升贫困国家满足自身基本需求的能力，而不是专注于那些使本土经济成为国际市场附庸的发展策略。参见理查德 · 桑德布鲁克（Richard Sandbrook）的《基本需求的政治：非洲城市的脱贫》（*The Politics of Basic Needs: Urban Aspects of Assaulting Poverty in Africa*，London：Heinemann，1982）。

② 参见伊斯特凡·洪特的文章《苏格兰古典政治经济学中的“富国穷国”之争》（“The ‘rich country-poor country’ debate in Scottish classical political economy”），出自我们合著的《财富与德性》，p.271–317。

这是由其自身决定的。[①]这是古典经济学的英雄宪章，事实上，是所有 18 世纪社会科学的英雄宪章。然而现在我们的科学被要求去理解的秩序，是一群来自天南地北的陌生人的秩序；在这个秩序中，发生在伦敦这里的诸如泡茶这样单纯的消费行为，也能将我们与孟加拉国和斯里兰卡的英国种植园中对茶工的压迫联系起来。

不言而喻，由于对“看不见的手”具有的教化使命满怀信心，斯密构想了一种可以统治全球市场的帝国秩序。在有关他与北美殖民地辩论的总结部分，斯密设想了一个联邦制帝国，协调了殖民地的独立诉求和英国在世界市场的帝国统治。“看不见的手”所造就的多极世界不会再屈服于任何一个帝国：竞争优势的争夺已经普遍化，没有一种经济力量具备了使这种争夺服从其规则的能力。经济已然摆脱了政体的控制。

在这样的一个世界中，我们从最为崇高的传统政治信仰中得到的关于公共利益的表述，对我们的指引仍有缺陷。在那种表述中，公共 13
利益就是全体市民的利益。市民的共同责任在城门口就已经消失：更远处就是野蛮人了。《国富论》出版后的至少 200 年时间里，我们已经认识到，自己碰巧出生的城市想要满足需求，离不开那些分布于广阔世界中的陌生人的劳动与才智。现今，我们在城门之内的消费选择所带来的意外结果已经影响到了全球的整个生态系统。作为普通物种的一员，而非市民，我们继承的政治忠诚观点，不再会为我们的需要发声。

然而回归李尔王，回归“寒碜的赤裸的两脚动物”——我们作为

① 参见詹巴蒂斯塔·维柯，《文选》（*Selected Writings*，Cambridge：Cambridge University Press，1982）。

某个物种一员的认同感未必强大到足够去克服基于差异产生的认同感。漫长岁月凝视着我们的星球，而我们是第一代有幸目睹它的人类，不是从这个山顶或那幢大厦，而是从宇航员的舷窗里。我们是第一代生活在生态灾难和核灾难共同威胁下的人类。发展，由野蛮到文明的转变，现在又载着我们朝末世、朝时间的尽头而去。斯密与卢梭准确地预见了需要的悲剧历史，最终它使我们成为一体：地球每一处，都在承受需要与人类劳动间无止尽的对立，都在面临湮灭的威胁。然而我们作为一个物种的普遍需要越明确，人类对差异的极力主张就越蛮横无理。需要、劳动和科学这些向心力将作为相同物种的我们凝聚在一起，那些割裂我们的离心力——部落、人种、阶级、群体、地域、国 *131*
家，则与之抗衡。在这个真相面前，政治思考犹豫了。

1945 年以来，在核和平的保护伞下，在皇家警察的严密审视下，战争、革命和内乱仍然导致了无数人丧生。大部分死亡打着为了实现自由、为了摆脱殖民、部族、宗教或宗族压迫的幌子。对这些为了捍卫他们的差异性主张而准备赴死的男男女女，将人类认同性的主张强加于他们毫无意义。除非存在一个主权国家使每个人成为自身需要的主人，边境之内的每个人都能获得安全，否则死亡就不会终结，我们也没有机会宣称人类是相同的物种。只有当差异被接纳，当寻求归属感的迫切需要得到满足时，我们的认同感才有发言权。

结语：流浪与归属

现代性是一种过渡，转瞬即逝又充满偶然；它是艺术的一半，另一半是永恒与不变。

——波德莱尔

我问遍了整个巴黎，只为得知：只有在故事与画作里，人们才会飞上天空。你们的灵魂呢，去了哪里？

——茨维塔耶娃

每个人的需要各不相同，这似乎是无可争辩的事实。有些人需要宗教安慰，而其他人不需要；有些人需要公民权利，而其他人可能满足于纯粹的私人生活；有些人追求财富，而其他人追求知识、权力、性，甚至危险。谁能说出哪个才是实现人生圆满更为正确的选项呢？如果人性具有历史性，那么每个人都拥有不同的过去，因此他们的需要也不尽相同。

如果这是我们对自由的所有认识，接下来我们似乎就会赞同政治应该去满足人们已经表达出的欲望，而非设想他们该需要什么。一个自由的社会可以代表正义——基于个人偏好最后不应伤害他人的理念——但如果它代表的不止是正义，那么它就会伤害个人自主选择需要的自由。

这是政治自由信条的核心。它区分了可以成为公共福利的需要和必须留待个体自我实现的需要。因为教会的政教分离以及我们获得的信仰自由的权利，部分历史上我们最为执着的需要——对慰藉和终极意义的需要——已经进入个人选择的范畴。同样地，市场社会也让个体自己去探索满足目标与意义需求的方式。

我们要获得选择自身需要的自由，无疑代价巨大。我们有奥古
136 斯丁的选择自由，也正因如此，我们无法拥有第二种自由——选择正确带来的确定性。奥古斯丁相信，这种确定性只能由恩典赐予。到了 18、19 世纪，人们身处社会统一体中，每个个体自身都能感到他的选择是由公共意志安排并认可的。因此，他们解决自我—社会疏离的方法跳出了政治范畴，转而进入形而上学领域。如果这是对确定性的需要带给我们的归宿，那么我们最好接受私人选择的烦扰。

但是他们提出的问题依旧存在。有没有一种社会形式可以兼顾自由与团结？有没有一个社会不仅允许我们自由选择，还会教授我们做出这些选择的必要方法？一旦我们受困于生理必需物，自由便无法落实。当我们缺少可以择善的语言时，也是如此。

鉴于其存在的诸多缺点，现代福利国家可被视为调和这些矛盾的一种尝试：去创造这样一个社会，个体在其中可得到他所需要的，并由此能够自由选择有益之物。鉴于自由社会显然是相对意义上的——我们对于政治之善在于何处的争论无休无止——实践中，现代国家的福利机构假借我们的名义来管理共享的善。从出生开始，我们

对健康、福利、教育和就业的需要，就是由医生、社工、律师、公共卫生检查员和校长这样的管理需要的专家定义的。

矛盾在于，由于我们公开承诺过人有权自主选择，所以对我们选择逻辑的持续干涉反而合情合理了。为了让每个人拥有自由生活的同等机会，国家现在已经满足了对食物、住所、衣物、教育、交通和医疗的需求（至少在一些国家确实如此）。现在，需要的专家们正是以自
由的名义，来评价陌生人的需要。显然，社会若想让每个人在面对自 *137*
由时都机会相等，那就只能让自由本身做出一些牺牲。

这还不是唯一的讽刺之处。也许有人会期待，实现福利国家共享善的愿景，能使我们彼此更加紧密。福利国家给予每个人诉求公共资源的权利，以此彰显友爱。然而满足了每个人的基本需求并不意味着就满足了他们对社会团结的需求。均等的社会供给似乎并不会减少竞争：它加剧了对稀缺商品的争夺。[①]

在福利国家，对原有的阶级划分有了新的表述：人被分为依赖国家者和市场中能够自由满足自身需要者。而时至今日，福利依赖者仍然背负污名。在一定程度上，如果福利国家努力确保公共所有物能具备与私人所有物同等的吸引力，并在诸如教育、医疗等领域中对富人加以限制，让他们无法轻易退出公共提供的服务而去寻找私人提供，那么它就可以减少这些差异。取消富人的退出权利是否能够终止自由诉求与平等诉求的争论，这并不明确。在任何一个我们能够想到的社

---

① 参见弗雷德·希尔斯（Fred Hirsch），《增长的社会局限》（*Social Limits to Growth*, London：Routledge and Kegan Paul，1977）；莱斯特·C. 瑟罗（Lester C. Thurow），《零和社会：再分配与经济变革的可能性》（*The Zero-Sum Society: Distribution and the Possibilities for Economic Change*，New York：Basic Books，1980）。

会中，这些所有物都是存在纠纷的，而纠纷必然损害团结与友爱。

政治争论中有一个经久不衰的诱惑，即认为能够通过理论解决这些冲突，并相信我们可以对需要进行优先排序，以此避免争议。但有谁能确定，对我们而言，是需要自由胜于团结，还是需要友爱甚于平等？如果现代的世俗人文主义认为人类善是没有内部矛盾的，那么它就意义全无。这些矛盾只能在实践中得到解决，而非理论。

需要的语言不能调和我们的“善”中矛盾之处；它只能协助我们说出它们是什么。问题在于，对于我们的需要而言，我们的语言未必
138 足够丰富。语言如果不再表达感知到的需要，那就只是空泛的华丽辞藻。我们需要的语言从过去继承了大量的依附和承诺。我们是在真诚地分享这些承诺，还是只把它们标志性的陈词滥调重弹一番，答案依然未知。

缺少了能够充分表达自身的语言，需要不仅会从言语中消失：它们还有可能不再被感知。成长过程中从未听闻宗教语言的一代人，也许丝毫不会感受到自己有宗教需要。如果我们的需要具有历史性，那么它们就会有始有终，当表达它们的言语变成了我们耳中的空话，它们也就寿终正寝了。

在所有我提及的需要中，对友爱、社会团结和公民归属的需要，引出了语言充分性这个问题，该问题从来没有如此敏感过。只有当表达它们的语言是与时俱进的，需要才能继续留存。友爱、归属、社会这些词语有着如此浓厚的怀旧和乌托邦色彩，以致在引导现代社会实现真正的团结时，它们几乎毫无益处。现代生活已经改变了公民团结的可能性，而我们的语言蹒跚其后，就像成堆旧箱子下不堪重负的搬运工。

直到第一次世界大战爆发时，对当时构成欧洲主要人口的农民而言，成为公民、归属于一个社会或者国家，这种想法几乎还是遥远的抽象概念。脚下的距离，马车的行程，这些限制了农民对归属的体验。直到 1914 年，大部分的欧洲农民还操着一口地区方言；全国性的语言更像国家制度，而不是其管辖下人们的通用语言。

整整一个世纪的战争告诉我们，当对象是祖国时，归属感会将我 139
们带向何方。有了那次经历，我们的需要很有可能正在采取新形式，寻找新对象：那个脆弱的蓝绿星球，那个我们作为第一代人首次从太空中看到的飘浮圆盘。没有哪一代人更深刻地了解过我们命运的共同本质，这种理解也许会催生一种真正的认同——并非认同这个或者那个国家，而是对地球自身的认同。当然，这可能不太现实，不过我正是如此认为的。现代性正在改变归属的核心：后方，依附于我们的语言满腹狐疑地缓慢前进，怀疑我们的需要能否找到更大的依附物。然而，我们已开始感受到原有的依附与公民身份正在失去其合理性。所有影响现代国家政治的变化都是全球性的：我们进行交易、塑造我们未来的经济形势的市场，是全球性的；我们赖以生存的生态环境，是全球性的。民族国家的政治生活因为国家主权的矛盾与无能而失去关联性。人们对国家的依附取决于他们是否相信国家是他们个人命运真正的决定者。这样的依附越来越少。有些政治立场只能吸引作为国家公民、而非地球普通居民的我们，它们会发现，那些寻找最终归属的更真实表达的人们，已经离其而去。

我们的任务是为我们的归属需要找到一种语言，它不仅仅只是表达怀念、恐惧、与现代性疏远的一种方式。我们的公民归属的政治意象，依然受到古典城邦（如：雅典、罗马和佛罗伦萨）的影响。有没 140

有一种归属语言是适合洛杉矶的呢？听起来答案似乎只能是否定的。但是我们应该还记得那个19世纪的城市，还有它创造的丰富的、新的归属形式与契机。就像我们对自己城市的感受一样，曼彻斯特、纽约、巴黎，对第一次生活在那里的人而言，这些城市是陌生的。现在当我们重新审视它们，它们代表的是一个公民创造的时代——林荫大道、公园、博物馆、咖啡馆、有轨电车、街灯、地铁、铁路、公寓楼。这些并不起眼的场所，为身处公共区域的陌生人能产生友爱，创造了一种新的可能。

最早充分表现城市归属感的并非政治语言，而是文学与艺术。回想一下，果戈理再现的19世纪50年代涅瓦大街（Nevsky Prospekt）上咫尺之遥的孤独与幸福；回想一下，波德莱尔的漫游者（flâneur），以及豪斯曼（Haussmann）的大道上各个阶层的人群；回想一下图卢兹-劳特累克（Toulouse-Lautrec）的酒吧与妓院，德加（Degas）的马戏团人物，还有修拉（Seurat）笔下在讷伊（Neuilly）的游泳者，每对伴侣在岸边分开而坐，独立却又紧密，在画家笔下的安谧中共享城市空间。在这些城市生活的画面里，孤独与归属，亲密与疏离，紧密共存，每一个眼神交流，每一刻的愉悦，都带着失去的征兆。[①]

创造一种新的绘画语言，以此展现城市陌生人之间的无声亲密，爱德华·霍普（Edward Hopper）正是这个传统的代表之一。想象一下在观众人海的边缘，在电影院昏暗的过道里，女引座员独自一人，放

① 参见马歇尔·伯曼在《一切坚固的东西都烟消云散了：现代性体验》（*All That is Solid Melts Into Air: The Experience of Modernity*, New York: Simon and Schuster, 1982; London: Verso, 1983）中，对作为城市生活语言的现代主义所做的丰富多彩、引人入胜的论述。

松双脚；就在逃生出口的对面，一个女人在公寓窗边晒太阳；正在用餐的夜生活者，在温暖明亮的立体空间中逃离了黑暗。在所有这些画中，总有一双眼睛分享着这些人物的孤独，有一个缺席的在场者——我们自己。霍普的作品，展现了我们从他人的生活中感受到的冲击。

如果视这些为归属的意象会令人困惑，那是因为我们的语言没有 141
与现代性保持同步。我们认为归属意味着永久，然而我们所有的家都是暂时的。谁还住在自己儿时的房子里？谁还生活在自己长大的社区中？家就是我们为了成长、为了活出自我必须离开的地方。我们觉得归属是扎根于一个熟悉的小地方，然而大部分人的居所都在大城市不断发展的公路沿线上。固定、已知和熟悉的事物不再是我们的归宿，反而是那个焦灼无情、永远处于兴奋状态的生物给了我们归宿。

在道德层面，我们认为归属是对他人生活的直接作用：友爱意味着兄弟间的亲密。然而存在于我的收入和门外陌生人需要之间的道德关系，是通过国家体系发挥作用的。

也许我们首先将归属感视为渴望自身的终结，视为一种超越需要本身，安宁的、自我和解的状态。然而现代性与贪婪却密不可分。

作家与画家能够表达现代生活的欢乐和它稍纵即逝的团结，而政治家和科学家却无法做到。是霍普画作中的纽约、乔伊斯笔下的都柏林、穆希尔的维也纳、贝娄的芝加哥、昆德拉的布拉格，使我们不用对着现代生活的疏离状态轻言痛惜，使我们现在可以觅得生活新乐趣的表达。

我们需要公正，需要自由，为了与公正、与自由保持和谐，我们还需要尽可能地保持团结。像需要其他东西一样，我们也需要与所处时代同步的语言。我们需要知道自己过得如何，而只有言语与图像才能告诉我们答案，它们不会允许我们从对他时他地的怀念中逃遁。

我们需要言语来保持人性。成为人就好像是在完成一次演奏，它需要练习。调，必须熟稔于心；谱，必须牢记不忘。这是我们容易生
142 疏的技能。些许的噪声都会导致我们忘记音符。最优秀的人史上留名，最优秀的人脆弱易逝。成为人是历史授予我们的第二本性，而恐惧与失去的连番打击会使我们将其忘却。

我们的需要由语言组成：它们通过言论被我们感知，它们会因为缺少表达而消逝。如果没有公共语言帮助我们发现自己的表达，那么我们的需要就会无声干涸。只有言语，或者就是它们具备的共同含义，能赋予我以门口陌生人名义发声的权利。当下，如果没有与此刻相称的语言，面对生活赋予我们的东西，我们也许只能迷失于顺从之中。失去了语言之光，我们可能会与更好的自己失之交臂：

> 我们是同胞，我们是吗？
>
> ……如果这些是真的，它们真是极为简单，又极其高深，它们是些只能叫出名字的基本要素。
>
> ——乔治·奥彭

索引

（索引中的页码为原书页码，即中文版页边码）

121，125
communism，共产主义，100,115,124-126
concentration camps，集中营，51
Condorcet，J. A. N. C.，孔多塞，J. A. N. C.，100
conservatism，保守主义，13，78

D

deserving and needing，应得的与需要的，16，34-36
Diderot，Denis，狄德罗，德尼，94，109
Division of labour，劳动分工
international，国际劳动分工，22，116，120，124，128；
social，社会劳动分工，10，17，117，120；
technical，技术劳动分工，96-97，110-111，113，124

E

Epicurus，伊壁鸠鲁，62
equality and inequality，公平与不公平，16，34，37，107，110，111-117，125-127
Erasmus，Desiderius，伊拉斯谟，德西德里乌斯，73

F

false consciousness，theories of，虚假意识，虚假意识理论，94，122
Foucault，Michel，福柯，米歇尔，44，注释5
freedom，自由，15，17-19，21，62-64，78，135-136
Freud，Sigmund，弗洛伊德，西格蒙德，78，101

G

Gogol，Nicolai，果戈理，尼古拉，140
good，theories of the，善，善的理论，12，14-15
grace，divine，恩典，神学，60,62-64,68，72，74，90，98
Grotius，Hugo，胡果，格劳秀斯，109

H

Hamlet，《哈姆雷特》，34，31
happiness，快乐，15，111
Hegel，G. F. W.，黑格尔，G. F. W.，21
Hopper，Edward，霍普，爱德华，140
human nature，人性，14，28，44，57，61，72，95
human rights，人权，29，52
humanism，人道主义，43-44，137
Hume，David，休谟，大卫，21，79，83-100，107
hunger，饥饿，28-29，62，73，75
hunters and gathers，狩猎者和采集者，94，

P

114，118–119，124，125
progress，theories of，发展，发展理论，22,78，108–109，112，124，127，130
providence，上帝，72，95，98
psychoanalysis，精神分析学，19，102

R

Rawls，John，罗尔斯，约翰，15
Raynal，Abbé，雷纳尔，教士，94
religion，religious needs，宗教，宗教需要，19，57–79，95–97
republicanism，republics，共和主义，共和政体，22，107–108，115–124
rights and needs，权利与需要，10，13，16，20–21，43，63
Rousseau，Jean-Jacques，卢梭，让–雅克，22，64，94，109–125 各处，136

S

self，needs and the，自我，需要与自我，94，136
Seneca，Lucius Annaeus，塞涅卡，吕齐乌斯·安涅，62
sexual need，性需求，45–46，58–61，71，99
Smith，Adam，斯密，亚当，22，84–85，91–92，108–125
socialism，社会主义，18–19，23，123–128
Stoicism，斯多葛主义，20，61，62，89，91，93，99，122

T

Third World，第三世界，29，51，129–131
Thucydides，修昔底德，98
total institutions（prisons，hospitals），全控机构（监狱，医院），13，44，50–51
Utopias，utopianism，乌托邦，乌托邦主义，18，22，62，107，115，123，126

V

Vico，Giambattista，维柯，詹巴蒂斯塔，129
Voltaire，伏尔泰，83，113

W

welfare state，福利国家，9–10，13，16，136